# FOR$_2$

FOR pleasure　　FOR life

# 你的孩子

# 不是

# 你的孩子

## 被考試綁架的家庭故事
## ——一位家教老師的見證

吳曉樂 著

逐頁閱讀《你的孩子不是你的孩子》，好像闖進一座故事城堡，我依循書頁的節奏與動線，走進一間間故事小屋，見證了一則則生命文本。

曉樂有很好的說故事能力。每個故事的開場，以一句去脈絡化的話語，鋪設一條時空甬道，讓主角現身引路，點燃故事的靈魂，營造懸念，開啟想像，搶奪你的目光，讓你不由自主想要繼續看下去。

作者的敘事策略，不見張牙舞爪，也沒有虛文矯情，淡描實說，卻高潮迭起，每一則讀來，都讓我不禁鼻酸。這就是曉樂的文字魅力：簡潔、素樸、精確、有韻味，場景調度靈活，畫面感、戲劇性飽滿，營造出鮮活的臨場感。

然而，曉樂高明的說故事能力，以及文字美學的展演工夫，都不是這本書真正動人的原因。

《你的孩子不是你的孩子》之所以讓我們感到震動，是因為她掌握了故事本身的節奏與脈動。

或者說，是因為她曾深深走進這些孩子的生命之中，與他們一同呼吸、一同吞吐這個世界的濁惡空氣。正因為緊緊靠過這些生命文本，所以她可以聽見青春生命的幽微泣聲，演繹著苦悶、傷痛、畏怯、憤怒、歡喜、欲望和絕望。

曉樂「家庭教師」的身分，以及她的自省性格，讓她得以聽見這些故事，見證故事主角的人生惡鬥；也正是家庭教師的身分，她找到一個獨特的觀察與敘說位置。「家庭教師」與一般教學工作者不同，他們是一對一的，是目的明確的（孩子成績提升、考試亮眼）；體制內的教育工作者，家長必須去討好他們，但「家庭教師」不是，在家長心目中，你是我花錢請來的「契約勞工」，隨時被評鑑、隨時被檢驗，也可以隨時被當掉。

從某個角度來說，多數「家庭教師」是以執行家長的意志為目標；然而，事實上，「家庭教師」比較像一個中介者，他必須中介父母與孩子，尋求最好的平衡點，如此才能順利完成「家教」的使命，讓孩子保持最佳狀態，也讓自己能夠維持工作。

然而，「家庭教師」又不僅是一個中介者而已；中介者可以游移，可以將自己客觀化，也可以隨時抽身離去，但家庭教師很難如此。家庭教師的工作場域，是別人的家庭，他必須進入

一個私領域，才能扮演中介的角色。書中，曉樂發現自己早已成為一個陌生家庭的介入者，她不知不覺地介入他者的生活、親情、衝突，甚至還介入他們的祕密與傷痛。她也經常徘徊於「主動介入」與否的矛盾中；眼鏡仔一再遭受親情暴力，她掙扎許久，終究不曾挺身而出，自責不已；紀小弟被母親奪去理想中的人生，她挺身而出，卻被冷冷地揭露出「你是局外人」的尷尬處境。

一個自覺與自省的家庭教師，必然會陷入局外人／局內人的困境，她會不斷自問，我是要參與其間，或是要保持距離？曉樂正是這樣的家庭教師，她對每一個受苦的生命主體，都不只是進入與離去而已，她不斷徘徊於觀察者與介入者、批判者與自省者的兩端，她的靈魂，也因而黏附了受苦者的傷痕。最後，這些故事，全都滲透進她自身的靈魂。也因為滲透自身，這些故事才能打動我們。

這本書中的每一則故事，都是一場生命的惡鬥。故事中重疊著故事，不只是孩子的，不只是母親或父親的，走筆最後，作者現身，訴說自己與母親。然而，作者其實早已現身，早已穿梭在字字句句之間，嵌入每則故事場景之中，滲透到每個孩子的呼吸與換氣間隙。

書中的每個孩子，無論他們在世俗認定中是成功或失敗，他們的生命，都烙印著奮戰過後

的傷痕。人生本來就是一場戰鬥，然而，他們的奮戰對象，卻都是至親，特別是母親。

這個故事裡的母親，形象各異，卻都是以愛為名的劊子手。眼鏡仔的母親把他照顧得很好，但成績一旦不如她意，就狂亂施加暴力；陳小乖的母親自私冷漠，將孩子視為生命的負擔，不願回應他對母愛的渴求；若娃的母親緊迫盯人，愛的照顧成為無法拋棄的沉重負荷；巧藝的母親疲憊蒼老，只為拚著命給女兒念私校；茉莉的母親強勢嚴厲，總是對女兒下指導棋；紀小弟的母親以自己規劃的目標和節奏，逼迫他照章學習；漢偉的母親保護過度，強勢介入孩子的學習與生命場域；高材生的母親以「否定」代替讚美，逼迫女兒更上層樓。

每位母親都用力過度，為孩子規劃人生棋局，檢視他們的落子方位與下棋節奏，母親的意志，嵌入孩子的每一顆棋子之中，讓他們沉甸甸難以舉棋。書中的孩子，因而都有著哀傷的靈魂。

眼鏡仔在暴力下總是畏怯，他像一個無聲的遊魂。陳小乖更是讓人不捨，他聰明、秩序、理性、求知慾高、學習能力強，很會打理自己，然而，所有這些，都只是他換取母愛的路徑，是他以高度意志力，勉力維持的恐怖平衡。因為母親的冷漠與疏離，他的內在有一個祕密、一個破洞，一個隨時會引爆的 X 檔案。最後，企求不到母愛的眷顧，他終於選擇放棄自身，他說：「我沒有家了，這就是事實。」

若娃與陳小乖相同，都是既傷痛又溫柔的孩子。陳小乖以張狂武裝自己，其實默默收納痛感，溫柔守望母親；而若娃則認知到，認定女兒有「過動症」、照顧生病女兒，是母親唯一的生命意義。因此，她寧可偽裝生病，配合演出，為了守護母親的生命價值，「我不能沒有ADHD」。

漢偉的故事，更讓我低迴不已。故事媽媽、導護媽媽、愛心媽媽，是國小常見的校園風景，母親在教學場域的熱情投入，彷彿燃燒的星星，照亮了每個小朋友。然而，劇本並非經常如此。有個「好母親」，確實曾讓漢偉感到驕傲，但時間並不長，「好母親」變成魔怪，介入他與同儕之間，母親炙熱的愛，讓漢偉沾染難以聞問的氣味，成為友情的絕緣體，被世界放逐，終而自我放逐，「隨便你，都可以」成了他的口頭禪與人生註解。

這些母親，甚至都不知何時丟失了自己的孩子。然而，曉樂並非意在建構「妖魔化」的母親形象，她以一個介入者的溫柔眼睛，穿透這些母親的生命底蘊，悲憫她們身上來自父權家庭的傷痕長年未癒，有的甚至還處身「傷痛進行式」之中。這些母親，多數也曾經歷各種輕視、疏忽、離棄、暴力、威迫，背負著這些傷痛，她們又被賦予看守孩子、教養孩子、決定孩子未來的所有責任。書中許多母親，總是擔心著，如果沒把孩子的成績提高、選項變好、未來點亮，

會讓自己陷入被丈夫譴責、冷漠、離棄的險境。

不曾被好好疼愛過，所以也不知道如何去愛人。愛是一種能力，然而，愛的方式卻需要學習。

有些愛，可以有練習曲，在一遍一遍的演練中，逐漸完備這道習題。然而，父母對孩子的愛，卻不允許有練習題，因為，至親的愛情雖然很牢固，但親情的傷痛卻也很頑固，父母每一次錯誤的愛情試驗，都可能讓孩子烙下永恆的暗影，埋下隨時會引爆的炸彈。

後記中的作者現身，讓整本書縈迴著更溫暖的光色。有時我們會努力不夠，有時我們會用力過度，但更多時候，我們可以放下姿態，尋求和解。就算繞過一整個地球，親情的微光，總還是會在密林黝深處，閃爍引路，你傷痕累累，但返鄉不會無解。

我們服膺一套教育方法，往往是因為這套方法教出了「一個」成功的小孩，坦白說，這樣的想法其實很空洞，把小孩好的壞的打包成一團，再歸因於「父母的管教」，不僅忽略其個人特質，也忘了把他所處的環境納入考量。

一樣的教育方法，可能打造出一個世俗眼中的成功模範，也可能將一個小孩的天賦摧殘殆盡，只是後者的情形沒人關心，我們不喜歡失敗的例子，只想傾聽教育神話。

這些話不是我想的，是我的摯友、其中一篇故事的主角。

書寫過程中，她的話反覆在我的腦海裡盤旋。

在你看完這些故事後，你一定會問，這些過程有無誇大不實的色彩？

你們可以努力去模仿他們，卻不能使他們來像你們，

因為生命是不倒行的，也不與「昨日」一同停留。

你們是弓，你們的孩子是從弦上發出的生命的箭矢。

那射者在無窮之中看定了目標，也用神力將你們引滿，

使他的箭矢迅疾而遙遠地射了出去。

讓你們在射者手中的「彎曲」成為喜樂吧；

因為他愛那飛出的箭，也愛了那靜止的弓。

—— 紀伯倫（冰心譯）

人子，
與貓的孩子。

「他不過是個嚇壞的孩子。」

*A frightened child*

我很少想起眼鏡仔。他是我第三個家教學生，家住台北榮星花園附近。

說到眼鏡仔，整個人乾乾瘦瘦，捏不出幾兩肉，倒是戴了一副很笨重的眼鏡。眼鏡仔說，他近視已經七、八百度了，醫生曾恐嚇他，再不控制一下，眼鏡仔長大後可能就要失明了。可是，眼鏡仔控制不了，他每天都被成績綁架了，每天都用眼過度。

隨著年紀漸長，或許是對於往事的一種懷戀，我變得很常想起我最初的幾個學生。

除了眼鏡仔，對，就除了他。

這麼多年過去，在回憶的長廊上，一一唱名我教過的學生時，我總忽略眼鏡仔。想起他總是不愉快，甚至連「榮星花園」四個字，在記憶上也成了一種負擔。

令我不愉快的，並非眼鏡仔這孩子，相反的我很喜歡他，但想起眼鏡仔，就無可避免地，必須同時面對在眼鏡仔背後，那些我無力去處理的人事。

眼鏡仔的媽媽，不妨稱小圓媽好了。她給人的印象就是圓滾滾的，臉圓手圓，身材也圓。

第一次見面，我就見識到小圓媽強勢的作風。她語速很快，連珠砲地朝我射來，說話時手腕的擺動幅度也非常大：「老師，我跟妳說，我這孩子就是笨，做什麼事情就是慢，怎麼教都教不

會，之前的老師都放棄了。」小圓媽抬眼，扳指一算：「妳是他第十個、還第十一個家教老師。

我跟他說，這次再沒效，我就一個老師也不給他請了，放他自生自滅！」

我尚未接腔，她又急著開口：「老師，我兒子如果不乖，或者題目寫錯，妳就用力給他打下去，孩子有錯，就是要教育，我不是那種小孩子被打就反應過度的父母。」

聞言，我知道我不能再保持沉默：「但是，阿姨，我不打學生的。」

小圓媽的動作慢了下來，她從上到下，仔細掃視我一次：「我看妳的資料，妳才大學一年級，十八、十九歲對吧？妳們這一代的年輕人，聽到體罰就皺眉，好像體罰是多殘忍的一件事！」

小圓媽哼了一聲，嘴角扯出一抹冷笑：「會這樣想，是因為你們欠缺教小孩的經驗，以為輕聲細語、愛的鼓勵，小孩子就能乖乖向學，順利進步了。事情絕對沒有你們所想的這麼簡單，我提醒在先，妳教過我兒子之後，我們再來討論打不打小孩的問題。」

在小圓媽唇片翻動、口沫橫飛的時候，我注意到一個詭異的景象——

從頭到尾，眼鏡仔只是靜靜地坐在一旁，彎腰駝背，近乎無聲地呼吸著。他的四肢不長，又佝僂著身軀，整個人看起來變得更小隻了。他直盯著自家木桌上的紋理，始終沒有抬起頭來看我們一眼。

他的反應，彷彿這場對話與他無關，他是局外人。

　　　　　　　　　　　　人子，與貓的孩子

結束與小圓媽的初步接觸之後，我跟眼鏡仔來到他的房間。

在我們打開試題本五分鐘之後，眼鏡仔走入我的內心最柔軟的角落：我指出一個錯誤，那只是個非常細小、無關緊要的小瑕疵，眼鏡仔的反應卻非常劇烈，他的肩膀很快地拱起來，背部連動地微彎成弓形，他的臉側向與我背反的方向。

整個動作一氣呵成，近乎反射。

我緊張地問：「怎麼了嗎？」

「我以為妳會打我。」

「我為什麼要打你？」眼鏡仔的問題令我震懾不已。

「媽媽不是允許妳了嗎？」

「但我不也告訴過你媽媽，我不會打你嗎？」

眼鏡仔不置可否地抿了抿嘴，低頭，右手捏著試題本，指甲陷了進去。

「媽媽跟之前每一個家教建議，只要我犯錯，就打下去；我再犯錯，就再打下去。打多次一點，我就會記得不要再犯相同的錯了。」好像在說給自己聽似的，眼鏡仔的聲音越來越小：「不過……我好像真的很笨，我被打這麼多次，還是很常犯一樣的錯。上一個家教是男的，打人很

你的孩子不是你的孩子　　　20

用力，我很怕他。他最後還是辭職了，他跟我媽抱怨……『我打妳兒子打得都累了』。」

眼鏡仔似乎想到什麼，抖了一下，又說了下去：「那個家教走了之後，媽媽對我發飆了很久，

她說我很笨、很沒用，沒人願意教我，害她必須一直找老師。」

眼鏡仔沒再說話，他把手放在膝蓋上，上半身小小的。

「我不會打你。不管你錯再多題。」

「真的嗎？」眼鏡仔很淡漠，不怎麼相信的樣子。「之前有個女家教，好像跟妳一樣大，

還是比妳大一點點，她也是跟我說：『我不會打你』，但是到了最後……她還是氣到忍不住了。

她說：「你真的很笨，我沒遇過像你這麼不受教的學生」。老師，我跟妳說，我媽是對的，我

真的很笨，又遲緩。有一天，妳也會受不了，想要打我的。」

他的頭仍舊低垂著，我聽見他的呼吸有些亂了。

我遲疑了一會，決定重申立場：「我是真的、真的不會打你。」

「為什麼？」

「我也是接受體罰長大的學生。」

聽到這句話，眼鏡仔微微抬起頭來，看了我一眼，視線又急忙轉向桌上的橡皮擦。

「我國中念前段班，理化老師是個一天到晚嚷著要退休的老頭，他基本上沒在教書了，只立下一個規矩，八十分，少一分就打一下。我有個單元真的搞不懂，考了六十一分，被打得死去活來。之後，我狂寫、狂算題目，基測時我理化一題也沒錯。」

「妳好強。」

「不，一點也不。上了高中之後，我的理化很爛。我很困惑，想了一段時間才明白，在過去，我讀書是怕被老頭打，自己本身其實沒有讀理化的樂趣，等到升上高中，沒人打我了，我反而不曉得怎麼讀書。又因為老頭的關係，我很討厭理化這一科，一點也不想碰。」

看眼鏡仔似懂非懂的模樣，我補充道：「用成績來決定體罰，我覺得這是最不負責任的方法，當下或許呈現出不錯的成果，但之後也可能會製造出更多問題。」

眼鏡仔默默地聽著，沒有應聲。

「所以，假設你考差了，我們就換個方法，你如果再考差了，我們就再換個方法。我不想打學生，打學生也代表我沒有解決問題的誠意跟耐心。我想解決問題。」

「真的嗎？」眼鏡仔看著我，我們的眼神有了交會。

我終於看清楚。藏在厚厚的鏡片後頭，眼鏡仔的眼睛其實又圓又亮。

\*

在沒有體罰的前提下，我得正視一個事實：眼鏡仔教起來確實令人有些情緒。

一模一樣的題型，也許上個分秒才耐心敘說，眼鏡仔仍無法正確作答。更多時候，我已經極盡暗示之能事，只差沒直接伸手指出答案了，眼鏡仔的思路，卻像是有誰猝然設了個路障，沒辦法再前進了。我看得更久一點，發現眼鏡仔對於「寫下答案」這動作特別有心魔。

每一次，握著筆，要寫下答案了，他的眼睛開始骨碌碌地轉，在空調恆溫二十五度的室內，他的汗水大肆奔流。見他這麼難過，我也跟著屏息，空氣稀薄了起來，不由得抬手搧了搧。

也有幾次，眼鏡仔的筆尖抵在紙面上，緊張不安的眼神頻頻對我送來。那眼神，像是在默讀我心底的念頭，也像是在預防我下一秒鐘的動作。

幾次心理的攻防，我忍不住開口了，請眼鏡仔放過自己，也放過我。我告訴他：「你不用緊張，你寫錯了，大不了我重新說一次，我不會打你。」

眼睛仔吞了吞口水：「之前的老師，都會盯著我看，一題一題跟，只要我寫錯了，他就馬上巴我頭，好幾次，我的眼鏡都被拍掉在桌子上。」

「是你先前提過，那個『打你打得都累了』的老師嗎？」我在腦海搜尋可疑人物。

「嗯。」眼鏡仔維持一貫的淡然，點了點頭：「他是媽媽請的家教裡面最貴的，補習班名師。」

他跟媽媽保證，沒有他救不起來的學生，媽媽於是給他很高的時薪。一小時，好像是一千二百塊吧，還常常加課，一個禮拜，可以上到六小時。可是，我的成績還是時好時壞，媽媽有時候受不了，會怪老師，老師跟著急起來，就一題一題盯我，如果我寫錯，他會馬上巴我頭，或者拿熱熔棒打我的手心。」

「每一題？」

「對，那個老師坐得很近，這麼近啊──」眼鏡仔用手比畫出距離：「他的視線會黏在我的考卷，等我作答，只要我寫錯，完了、死定了。有一次，段考前一天，他拿一張他自己出的題目給我寫，我錯超過一半以上，他非常、非常生氣，卯起來打，拚命用熱熔棒打我小腿，我很痛，受不了，會怪老師，老師跟著急起來，就一題一題盯我，如果我寫錯，他會馬上巴我頭，或者拿熱熔棒打我的手心。」

可是我不敢哭。」

「你媽媽知道，那個老師，打你打得這麼兇嗎？」

眼鏡仔搖搖頭。

「為什麼不告訴你媽？那個老師叫你不能說嗎？」

「不是。」

「那到底是為什麼？」

「因為，」眼鏡仔有點不自在：「老師打我，是我的錯，我沒有把題目寫好。我跟媽媽說，媽媽只會更生氣，搞不好也會打我一頓。」

我不禁懷疑：眼鏡仔不是笨，也不是遲緩。

眼鏡仔不過是個嚇壞的孩子。

平常，講題目的時間，順著題意一步一步進行拆解、推導，這過程眼鏡仔可以跟得很穩很好，就像是中了石化術，從頭到腳僵硬了起來。然而，一旦面臨把答案用鉛筆謄上去的瞬間，眼鏡仔此時進行口頭提問，他也能答得很理想。然而，一旦面臨把答案用鉛筆謄上去的瞬間，眼鏡仔

過往的經驗告訴他，一旦犯錯，拳腳就伸了過來。所以，他在答題上，眼前彷彿有個看不見的關卡，他無法跨越這關卡。反覆質疑，踟躕再三。一場四十五分鐘的考試，他可能浪費了三十分鐘，只為了跨過一道「我可能會寫錯」的關卡。

真要給眼鏡仔下一個結論，我會說，這孩子最大的問題在於缺乏信心。

他不相信，犯錯是件很尋常沒什麼大不了的事情。

因為，過去幾任老師不給眼鏡仔犯錯的空間。

眼鏡仔一點也不遲緩，他只是被套上了重重枷鎖，是以他走得較常人忐忑，較常人戒慎，最終不免給人一種笨拙、遲鈍的印象。但他並沒有外界所料想的蠢笨。

*

模擬考成績下來那天，台北細雨斜織，我站在門外，還來不及束好雨傘，就聽到一陣急遽的腳步聲，從遠至近，小圓媽三步併作兩步下樓，門一打開，她臉色有些古怪。我一進房，她便如影隨形地跟在後頭，一開口就是抱怨：「哎，老師，我跟妳說，這孩子真是沒救了。我真想不透，我給他的讀書環境這麼好，為什麼這孩子就是沒辦法爭氣點？」

「考得很不理想嗎？」

小圓媽說：「我跟他父親給他估計理想的PR值是九十三，他只考了八十三，PR值只有八十三。老師，妳告訴我，在台北市，這樣的成績，哪一間明星高中要他？」

眼鏡仔的PR值為八十三，一個簡單的理解是，眼鏡仔的分數高於該次測驗全國約八十三％

你的孩子不是你的孩子　　　　　　　　　　　　　　　26

的學生。照理說，該是很亮眼的成績。但是，台北市的競爭確實很激烈，一個細微的差錯，就是下看一到兩間學校。

「老師妳看，我都給他請名校的家教了，他還給我考這樣。」小圓媽的話中多少有怪罪我的意思。我習以為常了，這份職業，領的是他人眼紅的鐘點，雇主們自然有一套「教學品質檢測」的標準，最典型的，莫過於定期舉行的段考、模擬考。若學生考不出亮眼的成績，家長最直白的心態莫過於：「那我砸大錢請你來做什麼？」

一步一步爬上樓梯。客廳裡，眼鏡仔站著。更精準的說法是，罰站著。

走進客廳，小圓媽不忘先給我倒杯茶水，同時也給自己的茶杯注入新茶。稍事休息之後，她把眼鏡仔的成績單取來，開始一科接著一科質問。

「數學為什麼錯了六題？上次你才錯三題。」

「你不是告訴我，這次社會比較簡單？卻錯了快要十題？你真的有讀社會嗎？」

「還有英文，從幼稚園就給你補英文，沒辦法拚一次滿分？」

眼鏡仔支支吾吾，脹紅了臉，不知從何辯解起。

小圓媽越說越激動，一個箭步上前，掃了眼鏡仔兩個耳光，清脆的巴掌聲回響在客廳之中，

人子，與貓的孩子

伴隨著高八度的謾罵：「你怎麼可以這麼不成材啊！你爸的同事都在問你準備得怎麼樣，我哪好意思說，我的兒子在台北市可能找不到好學校念。」

兩個巴掌，我跟眼鏡仔都嚇壞了。

眼鏡仔抬起頭來，朝我的方向看了一眼，眼神中有驚訝與屈辱。但他很快就回復到他習慣的處理方式：垂下眼，拳頭緊握，把視線交給地面，一動也不動。

小圓媽的嘶吼一波接著一波，她將許多陳年往事一一掏出來，內容儼然是眼鏡仔截至十四歲的失敗史，包括幼稚園老師對眼鏡仔不怎麼樣的評價、失常的國小入學考以及上不下不的國小畢業成績……等等。完全不顧我這個外人在場，小圓媽逕自開展清算式的數落，她忘了叫我坐下，也可能是故意的，總之我形同被罰站，跟眼鏡仔一起站著聽，感覺像是聽了一輩子，結束時，偷瞄一眼時鐘，才不過半小時。

小圓媽睏倦地坐回沙發上，朝我們揮了揮手，說：「老師，妳可以上課了。」

我不想上課，倒是非常想逃，腦中閃過一百個逃離現場的藉口，但我又一一刪除那些選項。

我心明眼亮，假若我此時開溜，眼鏡仔的處境將變得更為艱難。

一同經歷暴風雨的洗禮，我與眼鏡仔之間，不免萌發出一種近似革命情感的牽絆。我非常、非常想離開，但我不能離開。

我走了就是背叛。

我幾乎是硬著頭皮，踏進眼鏡仔的房間。眼鏡仔拖著腳步，跟在我的身後。

桌上，課本攤開了一半。

我們分別坐了下來，彼此神容尷尬，動作生硬，彷彿這是我們第一次上課。

淚水在眼鏡仔的眼眶打轉，沒有掉下來。他撐得很勉強。不在我的面前掉淚，似乎是他所僅存、用以維護自己尊嚴的手段了。

為了填補我們之間的空白，我開始動起嘴巴。不過，我的聲音有氣無力，在同一頁轉了十來分鐘有餘，好像鬼打牆，怎麼樣也走不出去。眼鏡仔很細心，察覺到我的失落，他突然轉過身，面向我，「對不起，老師，我讓妳失望了，我真是太笨了。」

我看著眼鏡仔，心中百感交集。我相信眼鏡仔很困惑。他無法釐清自己挨揍的原因，成績眼鏡背後的雙眼，脹得紅通通的。

真的能證明些什麼嗎？若有，到底是證明了什麼？

我也陷入了困惑，我個人想問的是，在我們執意相信成績證明出來的結果時，我們是否並不在意，這孩子本質中的很大一部分，是成績無法證明的。

我沒有這能力，去協助眼鏡仔澄清他的困惑，我也希望有誰來澄清我的困惑。

我只能避重就輕地告訴眼鏡仔：「你不笨，PR八十三，你已經做得很好了。」

我拍拍眼鏡仔的肩膀，沮喪地再也吐不出話來。

那堂課，結束得很苦澀。我們氣色委頓，像是一起打了敗仗的士兵。

臨走時，小圓媽已經睡下了，眼鏡仔的父親去大陸出差，家裡沒有其他人，眼鏡仔親自送我到大門。我出了門，轉身回頭，見他怯怯地躲在鐵門後，聲音細如蚊蚋：「老師，對不起，請妳別生氣，也不要辭職。下一次，我會考好一點。」

PR八十三，這成績並不糟糕，已是中上偏好了。

眼鏡仔卻為了這分數，道歉了兩次。

他明明沒有對不起誰。

＊

下回授課，出乎意料，眼鏡仔的家多了一籃幼貓。五隻，眼睛欲睜未睜，小貓們在籃子裡鑽動，像是迎著光源，又像是躲著光源，發出細小的鳴咽聲。眼鏡仔和小圓媽守在籃子旁，密切注意牠們的一舉一動。

「這些貓咪怎麼來的啊？」我好奇地問。

小圓媽說：「社區不知道哪個缺德鬼，不給貓結紮，讓母貓生出一窩小貓，這也就算了，好歹這些貓才出生沒多久，竟把這些貓仔隨便用個破紙箱裝著，扔在路邊。這幾天，幸虧附近養貓的人家接力餵食，小貓都有活下來。不過，昨天下大雨，紙箱淋濕了，又皺又爛，我接兒子回家，路過時，看見牠們縮成一團，冷得喵喵叫，覺得很可憐，乾脆全部撿回家照顧了。」

我心底一暖，這與我平素對小圓媽的印象出入不小。

門鈴響起，小圓媽下樓應門，是鄰居太太。

鄰居太太拿個塑膠袋，走了進來：「這是我家咪咪之前吃剩的貓奶粉，我檢查過，還沒過期，應該夠這些小貓撐個幾餐。明天一早，我再去買完整的一包。」

「謝謝，感激。不然我真不知道去哪裡找這些。」

鄰居太太蹲下來，細看那籃小貓：「真夭壽，瘦成這樣。」

小圓媽也一起蹲了下來：「對啊，不知道最後能活幾隻。」

鄰居太太簡單講解了一下餵食小貓的技巧，小圓媽聽得非常專注，不時詢問詳情。

鄰居太太趕著回去炒菜，待了一下就表示要離開。她離開之後，小圓媽餵食幼貓的大業旋即開展。我可以看得出來，小圓媽非常緊張，她屏氣凝神、小心翼翼地把小傢伙拿給一一捧在掌心。

那些貓還很幼嫩，毛髮又細又帶點濕氣。小圓媽以食指隔著棉巾，一點一點微微按壓，拭去小貓身上的水氣，過程中她的手指輕微地顫抖。

之後，她把小貓放在桌子上，雙指輕輕撐住小貓的上半身，讓貓仔保持坐姿。幾乎是奶嘴一就位，小貓的前肢就本能性地扶上奶瓶，大口大口地喝，藍綠色的眼珠，散發出慵懶的柔光。

在小圓媽溫溫的掌中，幼貓們吸食著溫溫的奶水，待小貓全數餵食完畢，小圓媽溫柔地擦乾牠們的嘴角，輕手輕腳地放回她精心布置的布窩，底下鋪了電毯，溫度調整至三十度。

一就位，小貓的前肢就本能性地扶上奶瓶，大口大口地喝，藍綠色的眼珠，散發出慵懶的柔光。

眼鏡仔和小圓媽歪著頭，興致高昂地注視著小貓，指指點點，有說有笑。

幼貓大部分時間都在睡覺，吃飽睡暖，五雙眼睛一一闔上。

我退後一步，注視著小圓媽與眼鏡仔，在這一刻，他們比任何時候都像一對母子。

貓的孩子不用讀書，只需要好好地吃、安穩地睡。貓咪長大了，也沒有人舉辦考試，給每一隻貓測量PR值，檢驗牠們的程度。所以，小圓媽可以這麼溫柔地疼愛一群和她沒有血緣、不曾懷胎十月生下的小傢伙。

＊

教了三個月，雖然我跟眼鏡仔的父親不過打了幾次照面，卻也足夠我拼湊出這位父親的輪廓。他在一間中型規模的傳產公司上班，從小職員做起，歷經二十年的苦幹實幹，好不容易來到總經理的位子。他習慣晚歸，無論哪天有沒有加班、有沒有應酬，最早也是九點到家。有一次他七點回家，拿起一包鼓鼓的牛皮紙袋又匆匆地出門，小圓媽注視著他的背影，眼中的失落是如此深刻。

至於平常，一聽到鑰匙插入轉動的聲音，小圓媽會像支火箭般地從客廳衝出去，笑臉盈盈地站在玄關，給丈夫脫下外套、接過他手上的公事包，柔著聲問：「吃飽了沒？」「要不要給你放洗澡水？」

很可惜的是，伉儷情深的光景，時效並不長，等到夫妻倆前後進入主臥室，氛圍將大不相同。

起初，只能偶爾捕捉到幾絲窸窸窣窣、刻意壓低的談話聲。不久，聲音越來越大，即使隔著一堵牆壁，我跟眼鏡仔都聽得清楚分明。

「妳到底是怎麼教小孩的，一個月跟我拿那麼多錢，卻連個兒子妳都搞不定。妳知不知道，魏經理的女兒去年考上北一女、陳董的兒子今年也推甄上清華大學了，每次開會，談到自己的兒子我就頭痛，模擬考的PR值沒一次過九十，在台北市區，是有什麼好高中可以讀？我給妳鄭重警告了，我不會讓他去讀那些沒聽過名字的學校。他沒考好，乾脆送他到美國。」

過了幾秒鐘，小圓媽的尖喊傳了過來：「送到美國？一個兒子養到十五歲，只因為高中沒考好，你就要把他送去美國？你有沒有想過，這樣就是我一個人在家了。」

「妳可不可以不要這麼情緒化，看清楚一點好不好？台灣現在的競爭很激烈，未來會更激烈，妳兒子的資質又不比人強，不早一點送出去培養一些外語能力、培養一些國際觀，妳再這樣盲目地寵下去，非得等到我們唯一的獨生子日後在職場上被別人狠狠比了下去，妳這做媽的才甘心嗎？只怕到了那個時候，妳放手也來不及了。」

講課的音量終究無法蓋過夫妻激昂的齟齬，我看著眼鏡仔，想從他的臉上瞧出一點端倪。

眼鏡仔看著課本，語氣輕緩鎮定：「沒關係，我早已習慣了。」

我沒有多問，只是很難過，握著眼鏡仔的肩膀，良久說不出話來。

「老師，我真的不介意啦，趕快來寫下一題吧。」

大考的日子一步步逼近，經過幾次模擬考，小圓媽的標準不是沒有做過調整，PR九十，PR

八十八，來到了PR八十五，眼鏡仔沒有一次達標，小圓媽怒氣沉沉，她說：「我都降低標準了，

為什麼你還是做不到？」

她在我面前「算帳」的情境越來越常上演。呼巴掌、擰手臂，用腳踢踹，情況越演越烈，

有一次，我們上課到一半，小圓媽衝進房間來對著眼鏡仔破口大罵，只因她打了個電話給老師，

關心眼鏡仔近日的上學狀況，老師誠實答以「容易分心」四個大字。

每一次，我只能站在那裡，眼睜睜地看著眼鏡仔挨揍。有時候，事情很快就結束了，一記

巴頭，小圓媽就把眼鏡仔交給我了。有時候，傷害的過程會長一點，眼鏡仔會被擰耳朵，擰到

他的臉脹成豬肝色，小圓媽才甘願放手，饒過眼鏡仔。

每一次，我鼓起勇氣，幾乎要站出去護著眼鏡仔，到最後，我仍是選擇卻步與退縮。

我混淆了自己的身分。到底，我只是個一週提供兩堂教育服務的家教？還是說，我有更大的責任，必須積極阻止這一切發生？更糟糕一點的想法是，我懷疑，小圓媽是故意打給我的。

誰叫我拒絕體罰眼鏡仔，她就故意挑在上課前，聲嘶力竭地呼喊，動手動腳地演給我看，暗示我：「看啊，妳也沒有多會教嘛。」

小圓媽是家庭主婦，又不喜外出，也不熱中社交，她能說心事的夥伴就那麼兩、三個。她的存在價值，是肯定，還是否定，主要是交由丈夫來決定。然而丈夫給的期望太沉重，她一個人難以承受，只得分流給眼鏡仔，分流給我這個一週不過出現五小時的外人。每週時間一到，我無可迴避地必須出現在這個家，她看到我，明白自己滿漲的情緒將得到出口。

我、眼鏡仔、小圓媽，我們三人不知不覺地掉進一條食物鏈，弔詭的是，位居食物鏈的最上端——眼鏡仔的父親——一個禮拜撥給眼鏡仔的時間，可能沒有幾小時。

＊

有一天，小圓媽不打了。

她掩著臉，哭倒在沙發上：「你不認真念書，爸爸都不想回家了。他說，你是扶不起的阿斗，讓他很失望，看到你就心煩。怎麼辦，爸爸不想回家了。」

眼鏡仔不吭一聲，走了過去，坐在母親身邊。

母子倆哭成一團。籠子內的小貓，被送走了三隻，剩下兩隻，輕輕地喵喵叫

我旁觀著，心底清楚這一切的荒謬，這樣溫馨的光景沒有太長的壽命，小圓媽會再度對眼鏡仔動粗的，時間早晚而已。只要眼鏡仔的父親對兒子成就的執著，只要小圓媽持續把丈夫放在人生的第一順位，小圓媽今天只是累了，明天會重振士氣來鞭策眼鏡仔的。

我辭職了。簡言之，我背棄了與眼鏡仔的諾言。

我再也忍受不了了。有多少個夜晚，我走過榮星花園，來到眼鏡仔的家，心中布滿灰色悲觀的思想。按下門鈴的那一刻，我的心又惶恐又顫抖，迎在前方的，又會是怎樣的景象。

我無疑是以一種夾著尾巴的狼狽姿態，落荒而逃。

這也是我極少想起眼鏡仔的原因。一想起幾乎是痛了，想起他厚重鏡框下那怯生生的眼神，

想起他曾經給予的信賴，想起他挨揍後，反過來安慰我的敦厚。在我離開之後，小圓媽是否打得更兇了？她是否對兒子更絕望了？她能明白我辭職的理由嗎？

最後，我很害怕去想像的是，眼鏡仔還在台灣嗎？他是否已被送去一個全然陌生的國度？

*

眼鏡仔住在透天厝裡，含頂樓共四層，他的書房和臥房是分開的，以住在台北市的小孩而言，他擁有很奢侈的生活空間。他上下學由小圓媽開名車接送，眼鏡仔拿很好的手機，書包是那種有伸縮手把的昂貴款式。他很難找到一套衣物、一雙鞋子，不是從百貨公司買來的。

眼鏡仔的父親擁有良好的社經地位，善於社交辭令和商場進退的規矩，穿著要價不菲的手工西裝和訂製皮鞋。他只有眼鏡仔這一個兒子，只要對眼鏡仔的未來有助益，任何名目他都願意投資。小圓媽外表雍容優雅，在外人面前說話輕聲細語，她花很多時間栽培眼鏡仔，定期透過電話和老師交換兒子近況，老師曾誇小圓媽是個十分盡責的好母親。

眼鏡仔每天的早餐必定有一瓶雞精和一顆蛋，吃完早餐後，小圓媽會遞給他維他命、魚油

你的孩子不是你的孩子　　38

和鈣片等等，待眼鏡仔吃下了，小圓媽才安心帶眼鏡仔去上課。

任何人見了，都會說眼鏡仔的命很好，活在很幸福的環境中。

眼鏡仔的父母好愛他，而他們的愛很正常。

第 2 個家

他沒有家了。

「這世界上最傷人的話是什麼？」

*The fragile world beneath*

來挑選一句話吧，一句世界上最傷人的話。一句話就叫人痛徹心扉，像是給誰從中刺穿，穿破了肺葉，再也無法好好說話。要我選，我以為那句話應該是：「我一點也不在乎你。」

我不是原創者，這句話是白瑞德教我的。

《亂世佳人》中，受不了郝思嘉反覆帶來的傷害，白瑞德在故事最終，對著深愛多年的郝思嘉如此說道：「Frankly, my dear, I don't give a damn.」（坦白說，親愛的，我一點也不在乎了。）

這句話曾經美國電影協會民調中，拔得「百大電影經典名句」的頭籌。

「所以，」我刻意放緩語速：「就是這句話了，『我一點也不在乎你』，德蕾莎修女不也說過，『愛的反面不是恨，是漠不關心』，就是這句話了，再也沒有比這句話更傷人的了。」

坐在對面的陳小乖扁著嘴，眼睛死死地瞪著我，一副很不以為然的樣子。

「不然呢？」我沒好氣地反問。

陳小乖把視線從我身上移開，轉向窗外。此時已經十點又三分，時序正要進入冬天。我跟他在星巴克裡，桌上是兩杯星冰樂。星巴克是陳小乖指定的上課地點，星冰樂是他最鍾意的飲品。不過，桌上的星冰樂已經放了近三個小時，融化後的奶油與冰塊混合在一塊，成為一種濃

稠的甜膩液體，我起身去倒水。

課程原定九點結束，陳小乖還不想回家，他在九點十分的時候拜託我九點半再走，於是我多講了一段，到九點半，陳小乖又改口說十點再走。我已經有些疲倦，我想回家了。

我問陳小乖：「你今天是怎麼了呢？」

陳小乖不說話，他的神情有些異常，欲言又止的模樣，九點三十五分，在我胸中的不耐煩即將爆炸的前一秒，陳小乖開口了：「老師，我問妳哦，妳覺得這世界上最傷人的話是什麼？」

「我不想回答你，我很想睡，也沒有義務回答這個問題。」

「妳回答，我就回家，妳也可以回去睡覺。」

陳小乖的眼中有難得的執著，他之前不曾用這種眼神注視我。我有些困惑，不懂這個問題的意義，但我必須擺平他，讓他滿意。唯有讓陳小乖徹底地服氣，我才能早一點碰到我軟硬適中的床。幾分鐘內，我的倦意又上升了。

九點四十七分，我交出答案，並盡責地花了十分鐘簡述郝思嘉與白瑞德之間難解的糾葛。

陳小乖該接受我的答案的，畢竟《亂世佳人》逼出我不少青春的眼淚，陳小乖也青春，他才十四歲多一些，應該會懂。

　　　　　　　　　　　　　　　　　他沒有家了

可是陳小乖不喜歡我的答案：「不對，這不夠傷，這不是最傷人的話。」

我心中的負面情緒一點一滴地攀升，早在一小時前，我就該離開這個場域，上課時間早已結束了，換句話說，身為家教老師的義務結束了，我下班了。

「那你想出一個更好的答案啊——」我的語氣不太友善，幾乎是挑釁了。

陳小乖側過臉，沒有看我。

幾秒鐘的時間他沒有說話，我越來越煩，搞不懂他究竟在玩什麼把戲。

他再次開口時聲音非常細微。

「這個問題的答案或許就是，有一天，你的母親告訴你：『其實當初生下你不是我的意思。』

聽到這句話，你會覺得……你的世界從地板開始裂開，你不曉得自己可以站在哪裡……」

<hr/>

*

<hr/>

陳小乖是我最奇特的 case。一個平凡無奇的夜晚，我接到一通電話，甫接起，對方劈頭就是一串飛快的自我介紹：「我是張胖胖的同學，我看到他最近模擬考進步很多，他說是有妳在幫忙，感覺似乎不錯。我跟張胖胖問了妳的電話，打算找妳來當我的家教。噢對了，我叫陳定維，

<hr/>

你的孩子不是你的孩子　　　　44

「妳可以直接叫我小乖，大家都叫我小乖，妳叫我陳定維，我反而有些不自在。」

我眉心一皺，讓手機隔著一段距離，看了一下來電號碼。陌生的數字。

我不禁懷疑這是一通惡作劇，但張胖胖確實是我的學生。

「張胖胖在你旁邊嗎？叫他接電話。」

「他怎麼可能會在我旁邊？已經很晚了耶。」

「那你的父母呢？」我耐著性子。

「我的父母？」話筒另一端的年輕聲音有些錯愕。

「既然你說要找家教，照理講該由你的父母來與我接洽吧？」

「他們根本就不管我，我想做什麼就做什麼。反正我請家教也不是壞事，他們不會有意見的。再說……」聲音頓了一下：「我的父母很忙，沒有時間面試妳。」

「沒時間面試我，那發薪水的時候怎麼辦？」

「我會給妳薪水。」聲音微微上揚，我可以想見話筒另一端的神氣。

「你？」我算了一下，既然跟張胖胖是同學，也才十四歲。

「妳不用擔心，我會跟我的父母『請款』，他們給我錢，我再把錢交給妳。我跟我目前的

45

數學家教也是這麼做。然後啊，時薪隨便妳開，只要數字不要太誇張，我的父母不會跟老師計較金錢方面的事。」聲音又頓了一下，輕鬆地說道：「我的父母很有錢啦，妳不用害怕，就像我目前的數學家教時薪一千元，妳也可以討論看看啊，我父母不會省這種小錢。」

我眉心一折，和這孩子的通話時間越長，我越受不了他說話的方式。

「好，我知道了，給我幾分鐘，待會再跟你聯絡。」

掛斷電話之後，我看了一下時鐘，九點。

思索了幾秒，我打給出賣我的張胖胖。

「欸，你怎麼沒經過我的同意，就把我的手機號碼給別人？」

「因為陳小乖一直問啊……」胖胖一副自己也很委屈似的。

「這個陳小乖到底是誰，為什麼他說話這麼囂張？好像很怕人家不知道他家裡很有錢似的。」

話筒傳來胖胖厚實的呵呵笑：「他家是真的很有錢啊！」

像是想到了什麼，小胖壓低了聲音：「可是，老師，我跟妳說，妳如果有時間啊，可以教他一下，因為我覺得，他其實很可憐……」

「為什麼？」

「我聽同學說的啦，我自己也不是很確定，可是──聽說他家有點奇怪，爸媽好像沒有住在一起。他的媽媽來過我們學校一次，穿得很像酒店小姐，我們班都偷偷在傳，他搞不好是酒家女的私生子。老師妳剛剛接他的電話，他開口閉口都在說家裡多有錢對吧？不要覺得奇怪，他在我們班也是這樣，一天到晚炫耀自己的衣服、鞋子有多貴。我覺得啊，他內心搞不好很空虛，只好用這種方式來留住身邊的人。全班都很清楚他家很有錢啊，會跟他交朋友，還不是想看看能不能得到什麼好處，跟陳小乖出去，他心情好的時候會請客哦。」

胖胖的敘述，不知怎地，輕敲到我內心深處的什麼。

九點半，我用簡訊回覆陳小乖：我可以教你，時薪就比照胖胖的。

不到一分鐘，我就收到陳小乖的回訊，沒有文字，只送來一枚笑臉。

陳小乖開宗明義地指出，我們不能在他家上課。理由是家裡很亂，不好意思見客。於是第一堂課，我們約在星巴克，距離他家大約一公里。

「你怎麼來的？」他抵達之後，我問。

「搭計程車。」

「這麼短的距離，也搭計程車？」

「對啊。反正這麼短的距離司機也載啊。」他聳了聳肩，一副不置可否的姿態。

我幾乎要被陳小乖吊兒郎當的態度給激怒了。

胖胖的言語適時自耳邊響起，我按捺住脾氣，坐了下來。

第一堂課，我通常會建議學生準備過往的成績單，好方便我快速檢視一下該學生的學習狀況，也可以依照學生的科目強弱，搭配出相對應的讀書時間。陳小乖的成績很優秀，數學的學習很出色，國文、社會稍弱。我稍微觀察了一下，只要加把勁，第一志願也是有望的。

但我把心得藏在心底，陳小乖不是那種需要讚美的學生。

他有些太驕傲了。

＊

幾堂課下來，我發現陳小乖很在乎錢。

認識未及一個月，他就很正經地問我：「老師，假使我考上第一志願，妳會送我什麼禮物？」

「我什麼禮物也不會送給你。」

「啊？這麼小氣……我阿嬤已經答應我，考上第一志願，就要給我五萬哦。」

他鼻孔朝天地比出五根手指頭。

我看著陳小乖，問道：「小乖，你覺得考得好，是為了自己，還是取悅別人？」

陳小乖停了一下，表情很掙扎，他答得有些猶豫：「我不知道，但假使我考得好，我很開心，大家也會很開心，我又能拿到很多禮物，這樣不好嗎？」

「小乖，我是這樣想的，這是你的人生，就像是你有一塊田，你認真去耕耘，最後結出漂亮的果實，這些果實就是你個人最好的禮物。別人看到你長出很好的果實，也許很開心，送你貴重的禮物，但也可能他的財力有限，只能給你祝福。」

我想了一下，如何讓陳小乖明白我的意思：「送你禮物，也許代表那個人很在乎你，倒過來想，沒送你禮物，難道就意味著那個人不在乎你嗎？就像我，自第一次上課至基測，我對你所付出的時間與精力，難道會因為我沒有送你禮物，就跟著消失了？」

「但我還是想要得到禮物……」陳小乖的語氣有些氣悶。

「會的，小乖，我會請你吃一頓飯，但這並非是因為你『考得好』的獎勵，而是因為你『很

看得出來，物質禮品似乎是他確認感情的方式。

認真地面對了大考這件事』，因為你完整地走過了這個過程，我請你吃一頓飯，無關成績好壞，最重要的是你處理這個人生階段的態度，而非成果。」

「即使考不好，還是會請我吃飯嗎？」

「對啊。」

陳小乖的手支撐著下巴，沒有看向我，似乎在想些什麼。

除了對物質的執著之外，我不得不承認，在紈袴子弟的外表底下，陳小乖在學習上像是一塊吸水海綿。但凡我提過的主題，他都牢牢地記在心底。陳小乖喜歡學習，對於知識的攝取也真心感到興趣，任何領域他都擁有好奇心，這一點不僅反映在他拿手的數學之上，哪怕是他較不擅長的國文與社會，他也抱持著開放的心態去面對。有時候，我直接指明這個課程可能已經進入了高中課程的範疇，一般學生聽到了會打住，陳小乖不是，他會示意我繼續說下去。他求知，不完全是為了分數。我開始不那麼討厭他，還有些喜歡他，跟陳小乖相處，有那麼一些教學相長的愉悅，是我與其他學生相處無法營造出的氛圍。

日子一久，我也察覺到一件很微妙的事：陳小乖很少談及父母，更精確一點說，他從來不提家人。來往兩、三個月之後，我對他的背景了解得仍十分單薄，只能確定他有個妹妹，他跟妹妹兩人目前跟母親住在一起。談到他唯一的手足，陳小乖的口吻多了一些柔軟：「她現在很三八欸，喜歡穿那種很多蕾絲的衣服，自以為是迪士尼的小公主。」

聽得出來，陳小乖很在乎他妹妹。

但我也感覺得出來，「家庭」對陳小乖來說是非常敏感的字眼，每回，只是稍微地擦過這個議題的邊緣，他便立刻顯露出慌張的樣子，急著變換對話的主題。

一日，在我們尚未做好心理準備的狀況下，小乖的母親突然出現了。

那天，我印象很深刻，快要接近九點，陳小乖趴在桌子上慵懶地寫著練習題，我抱著胸靠在椅子上，課程快要結束了，我們的心情都有些輕盈。

我注意到有個女人上了二樓，起初我沒有放在心上，這裡是星巴克，隨時都有人上上下下。

但那個女人朝著我與小乖的方向大步大步地走了過來，她穿著亮橘色漸層上衣，領口極低，胸部隨著她的步伐呈現劇烈的起伏。

　　　　　　　　　　　　　　　　　　他沒有家了

女人在我們的桌子前停了下來，「陳定維」，我嚇了一跳。

陳小乖渾身一震，抬起臉來，神色很僵硬：「媽，妳怎麼來了？」

聽到陳小乖對女人的稱謂，我飛快從椅子上跳起來，恭敬地打招呼。

女人笑了笑，揮手表示收到了，要我坐下：「歹勢啦，嚇到老師了，因為我剛好路過，想起今天是禮拜五，我兒子會在星巴克上課，可以順便接他回家。」

女人轉過去看著小乖，親密地拍了一下陳小乖的肩膀。

「你怎麼不接媽媽的電話？我找你找得很累欸。」

陳小乖轉頭看著我。尷尬、不安和許多難以辨識的情緒，在他的臉上交錯出現。陳小乖倉促地收整了一下桌上散亂的講義與考卷，低著頭跟我說再見，急急地下了樓梯。他的母親見狀，回頭對我微笑致意，也跟了上去。

順著她們母子倆的方向望去，對街停著一台亮眼的寶馬。一名男子斜倚在寶馬上抽菸，見到他們母子下樓，沒有說話，把菸扔在地上，鞋尖就著菸蒂蹭了幾下，男子鑽進駕駛座裡。小乖的母親上了副駕駛座，小乖打開母親後方的車門，先把書包甩進去，接著站在車外，指尖握著車門手把，陳小乖停了幾秒鐘，才進入車內。

我看著，直到一個轉彎，車子完全駛離我的視線，我才回頭準備離開。

下一次上課，在我開口之前，陳小乖搶先解釋：「老師，上次的事情，妳不要太介意，我媽平常的穿衣風格就是這樣，誰都勸不動她，我外婆已經放棄說教了。」

他的神色彆扭。

我點了點頭，沒有多想地問道：「那天來載你的，是你的爸爸嗎？」

出乎意料的，陳小乖的臉色垮了下來，反應異常激動：「他──才不是我的爸爸！」似乎發覺自己的反應太誇張了，陳小乖深呼吸了幾回，這才不疾不徐地說道：「他是叔叔，是媽媽的朋友，他不是我的爸爸。」

我識趣地回了一聲哦，打開手上的講義，表示可以開始上課了。

陳小乖低下身從提包取出題目，臉色不是很好看。

如果說，「陳小乖的家庭」是個不可碰觸的議題，這就是我第一次碰觸到這議題的邊緣。

之後，有很長一陣子，我沒再遇過他母親，每到月底小乖會定時交給我薪水，他的表現也很穩定，我找不到與他家人聯絡的必要性。

　　　　　　　　　他沒有家了

在我心目中，這個議題像是一隻蟄伏在地表下的怪獸，偶爾你可以感覺到牠的呼吸起伏、牠隱約的脈動，但是陳小乖很擅長壓抑，他避免所有話題延伸到家人的可能，故作輕鬆地把話題轉到其他事物上；也有的時候，他警覺到我正在窺探他的私生活，嘻皮笑臉地指著自己身上的衣飾，極盡誇張之能事地唱名這些物件的來歷、定價、是哪個國家的舶來品？限量版？他當初又是怎麼想方設法弄來這件寶貝。

張胖胖的結論是對的。

陳小乖越是張牙舞爪地強調自己多麼富裕，你越能辨識出他的內心有多麼匱乏。

與此同時，他的成績穩定地往上爬。陳小乖打扮穿搭喜歡特立獨行，但對課業倒是挺講究的，如期完成各科老師指派的作業，偶爾也會拜託我給他找更難、更有鑑別度的習題，他是個很能適應台灣考試生態的學生，他喜歡題海戰術，也喜歡跟我討論出題者的想法。

陳小乖的聰明帶有一些「機巧」，他想找出出題老師在玩什麼把戲、設了什麼陷阱，他把一切想像成是打電動，甚至試著揣摩出題老師的心思，再順著他的心得去作答。

在我日後與家長相處時，我會嘗試給他們一個想法：「不要用成績作為衡量小孩的唯一標準」。

有些小孩品行不壞，只是不喜歡碰書，排名居後了些，師長很容易給這種小孩貼上負面的標籤；相反地，有些小孩的身心已經明顯出了狀況，但他的成績仍維持在高度的水準，師長也會片面地誤信這小孩的發展猶在正軌上。

會有這樣的想法，是陳小乖給的靈感。

陳小乖的成績很好，我於是說服自己，陳小乖把自己的生活經營得不錯，每個人的家庭都有一、兩個棘手的問題，陳小乖的問題也許很小，小到不需要在意。當我這麼告訴自己，我再也看不見從他臉上淡去的稚氣，逐日減少的微笑，因為他的成績很好。在我眼中，他有如一艘馬力十足的船，只要風向正確、氣候晴明，這艘船會在富饒的新大陸靠岸的。因為他的成績很好，讓我看不見這艘船的底處早已破了一個大洞。

在我盲目地驅策這艘船不停前駛的過程中，破洞一日比一日大。

一個大浪襲來，這艘船徹底地瓦解了。

　　　　　　　　　　他沒有家了

進入倒數兩百天，陳小乖的情緒跟冬天的氣溫一樣起伏不定。上課時他變得很暴躁，幾次看著我，嘴巴動了動，顯然有話想說，但他最終嚥了回去，又擺出一張不耐煩的臉色。

我好心問他，他又說沒事、沒事。

有一天，陳小乖打電話通知我：「我們得更改上課的地點。我要搬去跟爸爸住了。」

他約略指出一個區域，問我熟悉那兒嗎？

「我知道，我以前有個學生住那裡。」

「那裡離我的學校很遠嗎？」

「不會，你搭捷運轉公車的話，約二十幾分鐘。」

我這句話白說了，陳小乖不搭捷運，更不可能搭公車。

不過，我也聯想起一件事情，陳小乖的父母原來住得並不遠。

「那好，下次上課就換成那個地點。」不給我追問的餘地，陳小乖有些粗魯地掛上電話。

換了一間星巴克上課，我感到有些新鮮，陳小乖倒是一臉慣然，好像我們從頭到尾就是在那間星巴克上的課。我自討沒趣，齊了齊講義的邊緣，釘上遞給他。

當天的上課過程很順利，陳小乖埋首抄寫，神態鎮靜。

我以為他那天不會再透露更多了。

九點十分，他要我多陪他二十分鐘，九點半他會搭計程車回父親的住處。九點半，他更是以一種近似哀求的姿態，請我留得更晚些。時間來到九點三十五分，他問我一個莫名其妙的問題，「世界上，最傷人的話是什麼？」

我回答他，他不滿意我的答案。我的脾氣也跟著上來了，拔高音量反嗆他。

「那你想出一個更好的答案啊——」

小乖閉上了嘴，他的身影一口氣變得很渺小，五官暗了下去。

他開口時，聲音有氣無力，像是在幾秒鐘內被抽乾了勇氣：「這個問題的答案或許就是——

說完，你的母親告訴你：『其實當初生下你不是我的意思』。」

有一天，你的母親告訴你：「其實當初生下你不是我的意思』。」

好長一段時間，我沒辦法說話，小乖藏了這麼久的祕密，終於從洞穴中走出來了。

很晚了。服務生提醒我們打烊時間到了，我們步出星巴克。吹來的風有些寒意，我拉高衣領，打了通電話給母親，說我會晚點回家。結束通話後，我轉頭告訴小乖，我可以陪他走到父親的住處附近。這個承諾似乎讓他很安心，他紅著雙眼跟我說謝謝。

「那天，妳看到的男生，不是我爸，是我媽的男朋友。」

我壓抑著內心的訝異：「你父母離婚了？」

「他們沒有結過婚。」

我瞪圓了眼，停下腳步：「等等，你的意思是，你的父母在一起十幾年，共同撫養了兩個兒女。這麼多年來，他們從來就沒有結婚過？」

小乖輕不可聞地嗯了一聲，他逕自往前走了下去，我追了上去。

在我追上他的時候，小乖咬了一聲，首度正式地向我介紹起他的家庭。

「我媽在十六歲時結了一次婚，可是婆婆對她不好，我媽受不了，結婚半年就想離婚了。我外公外婆生了四個小孩，我媽年紀最小，也是唯一的女兒，我外公很疼我媽，我媽吵著要離婚，我外公不僅沒有反對，還鼓勵我媽搬回娘家，照樣給她零用錢。」

我外公很有錢，在豐原有幾間店面，每個月單憑租金，日子就很好過。我外公外婆生了四個小

我點點頭，示意小乖說下去。

「二十幾歲時，我媽在旅遊中認識我爸，我爸的老家也算過得去，在台北市有兩間公寓，一個店面出租。我爸回家說想跟我媽結婚，我阿嬤很生氣，她說離過婚的女人不能娶，我爸若堅持要娶，我媽就要跟他斷絕母子關係，遺產也沒有我爸的分。我爸很煩惱，於是異想天開，想說不如先讓我媽懷孕，看我阿嬤會不會改變心意。」

小乖停了一下，抬頭看著路燈。「那個小孩，就是我……」

我偷看了他一眼，他直盯著前方，表情木然。

小乖繼續討論，以一種從容、無關緊要的態度順了下去……「我快滿十五歲了，還在跟我媽的姓。由此可知，我父母當年的想法太天真了。」

「你阿嬤還是不讓他們結婚？」

「嗯。我出生跟滿月，阿嬤都有來看我，過年時我爸也會把我抱回去給阿嬤看。我阿嬤不討厭我，可是她依然不接受我媽。我跟我爸、我媽三個人住在一起，外觀看起來像一個普通家庭，只是我的父母沒有婚姻關係。」

「然後，你爸媽又生了你妹？」

59                                        他沒有家了

「不，我妹的事也有點特別……該怎麼說好呢，在我三、四歲時，阿嬤介紹一個女生，說這女生身世清白，很得她的緣，叫我爸跟那個阿姨結婚。我爸那時候也不知道在想什麼，大概是想求個耳根清靜吧，就真的跟那個阿姨結了婚，生下一個女兒。如果我告訴妳，那個小女孩是我妹，妳會很訝異嗎？」

「也就是說，你跟你妹是同父異母的關係？」

「對。」

我的頭腦脹了起來，這一家人的人際網絡著實太複雜了。

「那個阿姨呢？」

「妹妹上幼稚園前，阿姨跟爸爸離婚了，她受不了爸爸一個禮拜有三天會來找我跟我媽。阿姨把妹妹丟給我爸，她說妹妹若跟著她，她很難再嫁出去。我爸不會帶小孩，就把妹妹丟給我媽。很奇怪，不知道是不是因為都是女生的關係，我媽跟我妹雖然沒有血緣，感情卻很好，我不說，沒有人會懷疑她們不是母女。」

「你媽的心腸很好，不是每個女人都可以接受這種情形。」

「因為我媽那時很愛我爸吧。」

陳小乖嘆了一口氣，他的側臉有著不屬於十四歲的老成。

「四、五年前，媽媽生了一場很嚴重的病，醫生說，她的身體裡有癌細胞，要做化療。我媽那陣子很消沉，希望我爸可以多關心她，我爸的態度卻有些反常，很冷淡，我媽覺得不對勁，偷看我爸的手機，才知道我爸在外面有『另一個家』了⋯⋯」。

陳小乖別過頭，拚命眨眼。我從口袋中取出面紙，抽了兩張給他。他沒有拒絕，接過面紙，往眼角按壓，用力吸了吸鼻子⋯「跟妳說一件有趣的事，我當時看我媽那麼痛苦，鼓起勇氣跟她說『離婚吧，我跟妹妹支持妳』，可是，說出口的那一秒才想起來，他們沒有結婚要怎麼離婚？很好笑對吧。」

我笑不出來，這並不好笑。

「我媽很傷心，不斷哀求我爸回家，那幾個月，我跟妹妹放學回家，在門口就可以聽見媽媽的哭聲，如果爸爸也在，他們會吵架。有一天回到家，媽媽沒有哭，她躺在沙發上看電視，桌上擺著兩份麥當勞，我好高興，媽媽好久沒買晚餐給我們吃了。我跟妹妹很開心地坐下來吃著薯條雞塊，吃到一半，媽媽轉過頭來看著我們，說⋯『爸爸搬去跟那個女人住了，他不要我們了。』聽到這句話，我跟妹妹吃不下去，哭了起來。」

他沒有家了

「妹妹沒有跟著搬過去？」

「沒有，爸爸的女朋友不喜歡她。」

「之後呢？」我皺眉，事件的發展一節比一節轉折。

「之後？我們過了一陣子三個人的日子，外婆很擔心我們的狀況，從南部上來，跟我們一起住了大概半年。外婆會陪媽媽說話，媽媽的狀況也一天比一天好，我很喜歡那半年，雖然爸爸不在家，外婆也很囉唆，可是外婆很用心地照顧我們，我好像又有一個『家』了。」

「然後……」陳小乖又停頓了。

「然後？」

「然後叔叔出現了。」

「是那天，我看到的叔叔嗎？」

「嗯，叔叔是媽媽之前的男友，兩人交往幾個月，叔叔去跑船，兩人就分手了。叔叔跟媽媽在大賣場巧遇，他說自己剛離婚，帶著兩個小朋友在找房子。媽媽覺得叔叔很可憐，想說我們家的儲藏室清一清也算大，便叫叔叔帶著小孩來住我們家，房子再慢慢找。」

「你們六個人，跟外婆住一起？」

「沒有，外婆回南部了。因為後來媽媽愛上叔叔了，她叫叔叔永遠住下來，跟我們一起生活。」

外婆非常生氣，她罵媽媽不自愛，她不要再幫媽媽收拾爛攤子了。

「現在，你們家除了原本的三個人，還有叔叔跟他的兩個小孩？」

「嗯。」陳小乖咬牙切齒地回答。

我難掩內心的驚愕，某種程度上，這也算是另類的「多元成家」了。

「那你為什麼要搬去跟爸爸住？」

「因為，」陳小乖收緊了拳頭，那一刻，我可以感覺到他滿腔的怒火：「我不喜歡叔叔跟他帶來的兩個小白癡，我叫媽媽快點趕叔叔出去。媽媽不能諒解，她給我兩條路：一個是心甘情願接納叔叔跟他兩個『新弟弟』的存在，我們可以快樂地一起生活，她也會像過去一樣疼我；另一條路就是搬去跟爸爸住。」

「很明顯地，你選擇了後者。」

「是啊，我問我媽：『妳為什麼要逼我做選擇？我不是妳的兒子嗎？叔叔只是個外人啊。』那一刻，我懂了，我什麼都懂了，我是我媽的累贅，只要我不乖，她隨時隨地可以甩掉我。」

我媽轉頭，沒有看我，她說：『其實……當初生下你不是我的意思。』那一刻，我懂了，我什

我們停了下來，陳小乖父親居住的社區到了。我看了一下手錶，近十一點了。

「快進去吧，不要讓你的父親擔心。」

「再陪我一下下好嗎？」

陳小乖比我高十幾公分，他低頭拉扯著我的衣袖，像隻高大卻膽小的動物。

「有那麼恐怖嗎？」

「老實說，我很害怕。我跟他不熟，我們沒有單獨相處過。」

「可是，小乖，我好累，我想回家了。」

陳小乖露出哀傷的眼神，他轉過頭，拖著腳步走向管理室。我目送著他步入中庭，右轉，走向約十公尺的小徑，他的背馱著，步履沉而無力，我寧願相信是書包太重的緣故。

再也看不見他的那一刻，我如釋重負，轉身離去。

＊

一個月後，我又換回了原本的星巴克上課。

陳小乖回去跟媽媽住了。

我沒有問原因，但不難猜出他與父親之間起了很大的衝突。談到父親時，小乖的用語有了很大的轉變，他開始形容父親是個自私、不負責任的傢伙。至於母親，小乖的態度有點兩極。

有時候，他會用一種很溫暖的視角敘述他的母親：「我媽她啊……看起來很花枝招展，但她真的不是那種愛玩的女人，她只是以為這樣的打扮，可以留住男人的心。她只是想要有人愛她而已。」也有的時候，他的言論很尖銳：「我真的很討厭我媽，看她那種凡事以叔叔為優先的嘴臉，我就覺得噁心。」然而，更多的時候，小乖不愛也不恨，只是很苦惱：「我媽那句話，是一時氣話，還是認真的？生下我有這麼不情願嗎？」

船底的大洞不斷地進水，小乖再也沒辦法保持表面的假象了。

他不讀書了，出神的情況一天比一天嚴重，我常常講到一半，發現小乖的思緒不知道漂流到何方。陳小乖也跟我自白，說他最近很著迷一款手機遊戲：「我有時候會玩三、四個小時，我知道這樣做會佔用到我的讀書時間，可是我必須放鬆一下，否則我睡不著。」

任何人都看得出來，他正在自我放逐。

我很為難，某方面，我希望小乖回到「正軌」，但我也明白，這樣的要求很冷血。

最新一次的模擬考成績出來了。光是校排名，小乖一口氣就掉了八十多名，區域排名更是退得不忍卒睹。看完成績單，我抑制不了自己的怒氣，衝著小乖一陣怒吼：「我不是跟你說過了，人生是自己的，你再怎麼怨恨父母，也不該拿自己的未來陪葬吧？認真了三年，在最後一百天好好守住，有這麼困難嗎？」

陳小乖沒有正面回應，他看著我，冷冷地看著我。

「老師，我以前好喜歡讀書，那時候，我媽常跟我說，我是家族中成績最好的，只要我持之以恆，阿嬤有一天會接納我們母子的。可是，曾經這樣鼓勵我的人……現在卻不要我了。」

見我沒說話，陳小乖偏過頭去，聲音小了一些：「假設妳每天回到家，家裡總是多了三個陌生人，你得叫其中最大的陌生人『爸爸』。你想讀書，那兩隻小的陌生人纏著你，說他們好無聊。你看著媽媽，那個跟你有血緣關係的女人，她要你『聽叔叔的話，陪他們玩』，老師，我該怎麼辦？如果是妳，妳又會怎麼做？妳還有辦法念書嗎？」

我嚥了嚥口水，那一刻，我覺得自己像是正在接受審問的犯人。

小乖真是太聰明了。

他在提醒我，在我責備他時，我是多麼地缺乏同理心。

「對不起。我真不該說那種自以為是的話。你說的沒錯，讀書對於現在的你來說，確實不是最重要的事，你已經很努力在控制自己的生活了。」我感到羞愧。

小乖別過頭去，我猜他不想理我了。直到我看見他的肩膀一抖一抖的，我才明白他在哭。

他哭得很克制，沒有驚動到其他客人。

「前幾天，我媽在美國官網上訂衣服，昨天包裹到了，我很高興，拆開要看媽媽幫我挑了什麼衣服。每一次換季，媽媽都會幫我訂新衣服。我翻了一下，是男生的衣服，不過不是我的尺寸，有的太大，有的太小，我坐在地板上，想一下就懂了，這些衣服是給叔叔和那兩個小白癡的。」小乖雙眼通紅，邊吸著鼻涕邊說道：「我被排除在外了，為什麼沒有我的？」

我坐在那，什麼也做不了。我旁觀著小乖的痛苦，什麼也無法做。

我們總認為，懷胎十月，母愛的給予不僅理所當然，且會永久地持續下去。但在陳小乖的人生中，母愛分了岔，給了妹妹，給了叔叔，給了叔叔的兩個小孩。

能做些什麼的、該做些什麼的，那些人統統沒有來。

幾分鐘後，陳小乖停止哭泣，他的雙手軟軟地垂著，紅紅的眼圈，腫脹的鼻子，整個人顯

喪得像是被拋棄的小狗。我看見他手臂浮凸的淡藍色血管，像有蛇在上面蜿蜒。陳小乖有在吃飯嗎？他總共瘦了幾公斤呢？我不敢問。怕問了，陳小乖失去的那些重量，會在當下真實且具體地壓在我的雙肩上。偶爾，我忍不住懷疑，懷疑自己愛陳小乖，愛得比他的父母更多。

一個領鐘點做事的人，比親生父母愛一個小孩？怎麼想都令人感到不安。

*

考前兩個月，我跟陳小乖的課程中斷了。

陳小乖為了叔叔一家的事跟母親鬧得很不愉快，他的母親失去耐心，把小乖像一顆皮球一樣踢到父親那裡，他的父親雙手一攤，把球傳給了阿嬤。阿嬤住天母。我跟陳小乖道歉，天母太遠了，我騎機車過去很危險，課程得結束了。

「小乖，就算我沒再繼續教你，你還是要認真念書哦。」最後一堂課，為了讓自己心裡舒適一些，我言不由衷地說道。

「再說吧，讀書有什麼意義？」

「小乖，還記得嗎？我曾經說過，讀書不是為了取悅他人。」

「老師，雖然妳這樣說，當初妳讀書時，也是個被期待的小孩吧？妳的父母也關心妳吧？

只要認真念書，回家的時候，也跟張胖胖一樣，父母會準備水果跟消夜吧？反觀我的父母，生我的原因莫名其妙，生了之後又不專心養，現在更只顧著自己談戀愛，把我推來推去，推到不能再推就把我丟給阿嬤，我跟阿嬤以前一年才說幾次話欸。再來，說說我阿嬤吧，比起我的成績，她更介意我母親跟叔叔之間的關係。她不在乎我在學校的日子過得如何，只想知道我有沒有偷偷跟我媽聯絡？多久一次？」

陳小乖做出了結論：「我沒有家了，這就是事實，我沒有家了。一個找不到歸屬的人，要他念書有什麼意義？妳不覺得，現在叫我認真念書真的很愚蠢嗎？」

最後一堂課，陳小乖再次說得我啞口無言。

六十天過去，考試結束了，陳小乖的成績普普通通，不上不下。這個結果，在乎的人並不多。

據他所稱，母親只是哦了一聲，問：「有學校可以念吧？」

父親則是訕笑一句：「我就知道。」

電話中，陳小乖問我：「到底我的父親知道什麼呢？」

我小心翼翼地回答：「或許你父親只是想要掩飾，他其實什麼也不知道吧。」

在學生面前指摘父母的過錯，仍讓我的心臟像是爬滿螞蟻般，十分刺癢。

「對了，老師，我改名字了。我阿嬤討厭我的舊名，說這是我媽取的，她不喜歡。」

「你的父母沒有意見？」

「沒有。我打給我媽，她叫我『聽阿嬤的話』。妳不覺得很荒謬嗎？這名字是她取的，她竟然跟我說，阿嬤想改就改，她再找時間跟我爸商量這件事。」

「的確很荒謬。」

「更讓我生氣的是，電話中我聽見妹妹的聲音，她喊叔叔『爸爸』！妳知道這件事的嚴重性嗎？我妹以前明明跟我是同一國的，我們說好要一起對付那三個白癡。可是，我妹很怕落入跟我一樣的下場──被丟給阿嬤，她只好背叛我了……真是個大叛徒。」

「小乖，你的用字太重了。」

見我不支持他，小乖氣呼呼地掛上了電話。

幾天後，我請陳小乖吃飯，一如約定好的，考試結束要請陳小乖吃頓飯。訂位時我百感交集，

這一段起先以為是平坦的道路，實際走來竟是如此坎坷。

小乖出現在我眼前時，一身閃亮的行頭，時尚得像是從百貨公司的玻璃櫥窗走出來的模特兒。

一問之下，原來是阿嬤贊助，兩萬元，獎勵陳小乖改名換姓。

小乖拿那筆錢換成新衣新褲新鞋，附上新名字，他把自己升級為小乖2.0。

「現在我姓李了，沒關係，妳還是可以叫我小乖。」

小乖，是母親給他取的綽號。聽說這綽號的由來是小乖以前脾氣很差，母親那時叫他小霸王，外婆說這樣不行，要叫他小乖，個性才會乖乖順順。

姓名變了，綽號被留下來。

走進餐廳時，小乖看起來心情很好，我們才剛坐下，他便急著跟我分享他的新生活⋯⋯「現在我一個星期有兩千元的零用錢。上星期生日，不只阿嬤，姑姑和叔叔也包了好多好多⋯⋯他們都好開心，誰叫我『認祖歸宗』了呢。」

小乖撇撇唇：「很好笑吧，只是改個名字，待遇差這麼多。」

我看著小乖，想從他誇張的表情中讀出一些熟稔的氣息。

「小乖，你現在快樂嗎？」我問。

「快樂啊。我為什麼不快樂？」小乖還是笑嘻嘻的。

「真的快樂？」

「真的快樂啊。」他身子往後，靠在椅背的軟墊上。「住阿嬤家的第一個月，我很不習慣，每個晚上都睡不著，失眠得很嚴重，我覺得這世界上沒有人要我、沒有人在乎我，想到這些事，我就忍不住一直哭，哭到後來很累。有一天，我下定決心，從今天起，我不要再自怨自艾，我要開心地過每一天。既然我的父母、阿嬤，只會用錢來籠絡我、敷衍我，那我為什麼不認真花錢，讓自己開心一些？」

小乖注視著我，他的雙眼澄澈：「老師，我知道我現在比以前更虛榮，妳很不喜歡虛榮的人。但是，除了錢，我還剩下什麼？妳說過，物質帶來的快樂很空虛，這點我也知道。可是沒有錢，我的日子更空虛。妳可以理解嗎？這是我此時最安定的生活方式了。」

*

每個人都有自己的求生之道。

在小乖之前，我從未經歷過如此複雜的家庭組成；在小乖之後，我相信類似的處境也很難再找。小乖的妹妹，與一群和她沒有血緣關係的人住在一起，沒有人問過她的心情。小乖的母親，在家庭成員的取捨中，沒有選擇小乖，不過，在這之前，她至少也做了十幾年盡責的母親，小乖的離開，她沒有表明，但我想她多少也是很難過的。至於叔叔所帶來的兩個小孩子，有誰去給他們說故事呢？他們想必也是誠惶誠恐地想著如何適應這般奇特的家庭。

我親愛的學生陳小乖，他讓我認清了學問並不能解決人生的難題。我起初很介意，陳小乖是我唯一教過之後成績反而退步的學生。沉澱了幾個月，我重新回想陳小乖說過的話語。他說得沒錯，在大人把他像枚旗子移來換去的時光，叫他認真讀書真的很愚蠢。

他的成績失常了，他變得更虛榮，可是他走過來了。

我突然間很欣賞他，以十五歲的年紀，他表現得比身旁的大人成熟多了。

# 必須過動。

「過動症」可能是一個標籤，也可能是從天而降的神仙索。

少女若娃非常美麗。

第一次見到若娃時，我不得不驚豔於她的美貌，忍不住在心底屏息，好漂亮的孩子啊。白皙薄透的肌膚，秀挺的鼻子，一張櫻桃小口，長而柔軟的秀髮鬆鬆地垂落肩頸。四肢細長，瘦不見骨的纖纖合度。然而，若娃最出色的，莫過於她那雙眼睛。我窮盡了形容的心思，也不如抄《老殘遊記》的筆法：「那雙眼睛，如秋水，如寒星，如白水銀裡頭養著兩丸黑水銀。」

容我做個小小的自白，見到若娃的那一刻，縱為人師，也不免起了妒羨比較的心態。

反觀若娃的母親，和女兒呈現極大的對比，以台灣女性的平均身材而言，她還算高，很胖，臂膀的肉掉出衣袖，晃來晃去。她說，叫她楊太太就好了，她丈夫姓楊。

「我的標準非常簡單。」經過基礎的自我介紹後，楊太太如此說道。

非常簡單，這是很新鮮的說法。一般家長了不起是說：「我的標準不會很高」（縱然這樣說，也不能輕信）；在這裡，楊太太的說法是：「我的標準非常簡單」。

我點了點頭，邀請她說下去。

楊太太定神開地繼續說道：「去年，我好姐妹的寶貝女兒考大學，也不知書是讀到哪裡去了，成績一出來，天啊！每一科都慘不忍睹。我朋友又花了一筆錢跑去給人家做什麼落點……落點分析對吧？對方告訴她，妳女兒全台灣只剩下幾所學校可以念，每一間都在偏遠地區。」

楊太太嘴角輕扯，沒笑出聲：「我朋友嚇死了，準備了一大堆東西，帶著有力人士，去拜託附近大學的校長，讓她女兒入學。結果，老師妳猜校長跟她說什麼？人家看了一下她女兒的成績單，當場笑出聲來，說：『就算全部都選B，也不至於考這麼爛』。」

楊太太再也忍俊不住，掩嘴大笑，若娃看母親笑，也輕輕地笑了。

氣氛很輕鬆，我也跟著揚起嘴角。

「老師──」楊太太忽然收起笑臉，斂色道：「我的標準就是這麼簡單，不要讓我陷入那種處境，得拿著女兒的成績單，一間間學校拜託人家收留。我女兒上國中以來，最好的名次是班上第三十三名，他們班也才三十九個人。這樣子的學生，妳有辦法教嗎？」

「我會盡力。」

這是我一貫的官方回答。

沒真正下水之前，說冷說暖，都沒有意義。

楊太太點了點頭，她看著我，眼神閃了一下，語調有了些變化：「那個，老師，有一件事情麻煩妳注意一下，就是，那個啊……妳每上課三十分鐘，最多不要超過四十分鐘，請讓我女兒休息一下。因為……這孩子的注意力比較沒辦法集中，上太久的課會很累。」

「她的注意力沒辦法集中？」為了之後教學上取得共識，我必須問得更詳細。

「對啦。哎，說這個也不知道妳懂不懂，我們家小孩有ADHD，就是一般人俗稱的過動症啦！妳聽過嗎？妳有帶過這種情況的小孩嗎？」

我驚訝地轉身看向若娃，若娃對我投以淡淡微笑，她的坐姿端莊筆直，雙手微微放鬆，向前握著膝蓋，像一尊美麗的洋娃娃。

我絕對不是第一個做出類似反應的人，若娃的眼神透露出一些悵然。

不等我反應，楊太太自顧自地說了下去：「看不出來對吧？所有看過她的人都說：『生得這麼漂亮，一雙眼睛這麼有靈氣，應該是個聰慧的孩子，怎麼可能有過動症？』偏偏——這孩子就是有過動症啊。」楊太太嘆了一口氣，憐憫地看了女兒一眼，母女倆相視一笑。楊太太又說道：「為人父母的，生出這種特殊的孩子，還能怎麼辦呢？只能夠更盡心陪伴照顧啊……」。

我點了點頭。內心有點不自在。楊太太的語氣很奇怪，聽起來不只在抱怨，還同時存在著

一種淡淡的欣慰。尤其是她和若娃相視而笑的舉止，更是詭異得難以形容。懷疑的思緒縈繞在我的心頭，但我很快就壓抑下去。這份工作很吸引人。楊太太要求課程從八點上到十點。一個星期兩天，和我的行程很切合，我有幾個晚上得上課到六點半，七點的家教我趕不上。最重要的是，她給的薪水較行情優渥許多。

確定了上課的時間後，我從自己的袋子裡拿出教材跟瓶裝水放在桌子上。瓶子剛從宿舍冰箱取出，瓶身微微冒出水珠。見狀，楊太太臉色大變，她起身，快步走到我的位置，抄起桌上的杯墊壓在瓶子底下……「老師，這張桌子是原木做的，一張就要三十萬。這麼完整的木材，現在已經很難得了。我的意思是，這種桌子很怕水氣，老師以後拿出水瓶時，請在下面鋪上墊子。」

「啊啊──真是非常對不起，我以後會注意的！」

楊太太慎重地用衛生紙按壓方才水瓶置放的地方，我站在旁邊，一臉尷尬。等她處理完了，我從袋子裡取出其他教材，若娃也在桌上擺好了鉛筆盒和文具。我在腦海裡稍微預演一下今日的進度。第一堂課的主要內容，多半是擬出一個日後學生讀書的大方向，我會詢問學生日常作息、讀書習慣和做筆記的方式等等。

在我提示可以開始時，楊太太仍坐在若娃旁邊。

「我們要上課了哦。」

「老師可以上課了。」楊太太比了一個請的手勢。

「阿姨習慣坐在旁邊跟課嗎？」楊太太問。

「對啊。之前的家教老師，我也是坐在旁邊聽。」

「這⋯⋯」雖然無法親眼目睹，但我猜想當時我的臉色一定不太好看。

「有什麼不對勁嗎？」楊太太問。

「怎麼說好呢──」我抓著頭皮，努力翻找比較委婉的用詞。「阿姨對我的教法感到好奇，我可以理解，但根據我過往的經驗，只要家長待在旁邊，小孩子會禁不住想要迎合母親，是以做出不符實際學習狀況的表現。輕微的狀況是他不會誠實地說出他的想法，最糟糕的情形是『不懂裝懂』，明明不會，可是他怕母親不高興，於是假裝他會。阿姨既然捨得花錢請家教，無非是希望女兒擁有更好的教育品質，所以，不好意思⋯⋯可能得先請阿姨離場，在稍遠的地方旁聽好嗎？」一席話看似合情合理，我卻流了一身冷汗。

「是這樣子啊──」楊太太蹙起了眉頭，上下打量著我。

若娃興致盎然地來看著我們。

她似乎沒意識到，眼前的光景叫作「僵持」。

幾秒鐘後，楊太太不情願地站起身子，推開椅子，緩步往門的方向移動：「既然這樣，那我去旁邊的房間看雜誌了。對了，門請保持開著，不要把門關起來，我想要聽得仔細一點，說歸說，我女兒是個特殊的小孩，她若有什麼突發狀況，我也能幫忙處理。」

「好的。謝謝阿姨。」我相信楊太太已經做出很大的讓步。

經過一番波折，我跟若娃之間的課程總算開始了。

※

我很快就察覺到這對母女十分不對勁。

一般情形，我會和學生交換手機號碼及通訊軟體的帳號，用意是方便學生發問，避免問題逐漸囤積，畢竟，問題累積到一個程度時，學生對於該科的學習意願也會跟著下滑。這個方法的優點是可以即時反應學生的困惑，危險自然也在於它的即時性。我曾聽過一位家教老師，短短一個晚上接獲學生傳的二十幾則問題，她握著手機敲到十指發軟。所以，我會

必須過動

和學生形成默契，以通訊軟體提問，僅適用於問題數量不多的時候。

「這是我的手機號碼跟通訊帳號，妳有問題可以拍下來，傳給我。」

我信手撕下一張便利貼，寫下自己的聯絡方式，遞給若娃。

若娃看著紙條上英文跟數字的組合，歪著頭，若有所思地說：「可是，我很少用手機欸——」

我仰起臉來，注意力完全被這句話給吸引了。

近年來，越來越多人意識到，青少年對智慧型手機成癮的危險。

曾有一位家長向我傾訴：「老師，妳上課的時候我不知道，可是，妳不在時，沒有一秒鐘離得開手機，低頭滑來滑去，吃飯也滑，寫功課也滑，一邊寫一邊滑，對著手機嘻嘻笑，不知道在看些什麼。她上次段考退步很多，我很生氣，氣到沒收她的手機。沒想到我女兒竟然在哭著在地上打滾，求我把手機還給她。一個十五歲的小孩，為了一支手機哭成這樣，我光是看著都快不能呼吸了……幫我勸勸她好嗎？」

那位家長的女兒，叫作荳荳。

上課時，荳荳把手機放在伸手可及的位置，中途休息五分鐘，她第一件事情就是拿起手機，

著迷地看著發光的螢幕。我向來不干涉荳荳的行為，至少她上課時很專心。

下次上課，我半開玩笑地問荳荳：「看啊，我認真教妳沒用，我走了妳不複習，成績都掉光光了。聽媽媽說，我不在的時候，妳都在滑手機啊？手機有這麼重要嗎？」

「當然，手機是我的第一生命！」荳荳堅定地說道。

「為什麼？因為手機裡面很多好玩的小遊戲嗎？」

我嘗試以不帶任何預設立場的方式跟荳荳說話。

這是我多年下來的心得，孩子們對於「惡意」的偵測十分靈敏，一旦他們警覺到跟他們說話的人「來者不善」，會毫不猶豫地縮回自己的殼裡。

「不，手機的小遊戲一下就玩膩了。」荳荳回答。

「那手機為什麼這麼吸引人呢？」

「很簡單啊，有了手機，我可以登入line，登入facebook，登入任何社群軟體，我可以知道別人在做什麼，我可以按讚、留言，分享我的生活，而我的朋友們也這麼做。我媽常說，網路上的一切都不是真實的，才不是這樣呢，網路世界跟真實世界是有關聯的，你在現實生活中擁有越多朋友，你的網路世界也不會太孤單。大家會去給你按讚、留言啊。」

必須過動

我點點頭，荳荳的表達很精彩。

這也是這個職業的附帶價值，我可以知道，比我年輕許多的人到底在想些什麼。

荳荳狐疑地看了我一眼，評估著是否要跟我講得更深。幾秒後，她咬了一聲，有些青澀，也有些老成地說道：「一旦沒了手機，這一切就中斷了。我看不見別人，別人也看不見我，像是被困在一個鳥不生蛋、狗不拉屎的地方，感覺被孤立了，這很恐怖。」

「沒錯，這我能懂，我跟妳一樣大的時候，最怕的事情就是被孤立。」

荳荳的回應讓我想起我的青少年階段，在我國、高中時，只要有一件事情，是大多數同學知道，而我卻不知道，我就會很焦慮，急著想得到那件事的相關資訊。

我突然懂得她的感受。

「老師，妳也懂我的感覺吧？」得到我的共鳴後，荳荳睜大眼，很雀躍地說了下去：我寧願對別人撒謊，說我手機送修，也不會承認我的手機被沒收了。天啊，我媽認為沒收手機是『為我好』，不，她不知道，她這種想法把我害慘了。」

荳荳聳聳肩：「我不會跟她爭論，反正大人總認定他們是對的！」

「網路，是唯一理解他人生活方式的媒介嗎？」

「不是，但網路是很重要的媒介。哎，」荳荳雙手托著自己的下巴，老氣橫秋地開口：「老師妳不懂啦，以前你們沒有智慧型手機，頂多就是寫信、傳紙條、打電話，回到家就可以做自己想做的事。我們現代的小孩很苦命，回到家，還要繼續跟同學 social 耶……」

聽到若娃說出那句「我很少用手機」，幾乎激發出我滿腔的好奇心。

像是看到什麼奇特的生物，讓我想好好觀察：「若娃，妳的手機是智慧型手機嗎？」

「是啊，我的手機是Ａ牌。去年的生日禮物！」我更困惑了。

「拿這麼好的手機，應該更愛不釋手啊。」

「之前會拿來下載韓國偶像的ＭＶ，但是手機螢幕好小，看起來好累，還不如用電腦看，我的電腦螢幕很大台哦，媽媽怕傷眼睛，就買很大的螢幕。」

「除了看ＭＶ，手機還有其他用途吧。例如，和朋友聯絡？」

「我也想拿手機和朋友聯絡啊，不過……」

若娃沒再說下去，嘴唇抿著，一雙大眼盯著我，有些為難的樣子。

必須過動

「妳不想說也沒關係。」

「哎喲，不是我不想說，只不過……好啦我乾脆直說，因為我媽會偷看啊。」

若娃捧著自己的臉，做出一張鬼臉。

即使如此，她看起來還是比許多人可愛。

「我到國中才擁有屬於自己的手機，第一次買手機，媽媽就給我買智慧型手機。一開始我很興奮，在裡面裝載了好多通訊軟體，我的同學們也很興奮，紛紛加入我的帳號，傳了好多訊息給我。那時候，我跟我朋友都很開心，這樣聯絡很快、很方便，又不用錢！但是，之後發生一件令我有點介意的事情……」若娃停了下來，定定地看著我：「妳不會跟我媽告狀吧？」

「不會。」我做出保證，心中很猶豫，假使若娃告訴我的事情很嚴重呢？

「有一天，媽媽突然叫我不要跟某個女生來往，她說那個女生說話很輕浮。我覺得莫名其妙，媽媽根本沒有實際和那個女生見過面啊，該不會是媽媽偷看我的手機吧？原本也只是猜想而已，不是很確定。過了幾天，我在浴室洗澡，手機放在房間。我媽沒有經過我的同意，用我的手機打給那個女生，要她傳訊息的時候不要夾雜那麼多髒話。那個女生嚇死了，隔天，我一到學校，她交給我一封很長的信，說自己從今以後必須跟我保持距離，她也跑去跟很多同學哭

訴，說我媽媽很恐怖，不僅偷看自己小孩的簡訊，還會打電話『警告』別人。我在班上的處境從此變得很尷尬，大家不會跟『媽媽管很多的同學』走太近。」

若娃陳述時，我又想起了荳荳，她們的說法有許多相符之處。

「妳可以設定密碼啊，很多通訊軟體都有這種功能。」

「我當然試過了……」若娃沒好氣地說道：「看完信之後，我很傷心，馬上設了密碼。沒想到媽媽居然為此氣得發抖，她說：『若妳沒有做虧心事，為何要擔心媽媽看妳跟朋友的聊天訊息？』我無話可說，我也不想讓媽媽認為我有做虧心事，只是覺得很奇怪……」若娃的雙手絞在一起，語氣有些壓抑：「我只是想要輕鬆地跟朋友聊天而已，難不成這樣也有錯嗎？」

此際，眼前一大團的紊亂中，有一截小小、短短的線頭亮了出來。

我陷入了兩難。家長是付我薪水的人，若以這個角度切入，我最聰明的做法，就是把若娃所說的一切拋諸腦後，專注在教書這件事情上，可是，看著若娃彷徨的神情，我發現自己做不到。

幾經思量之後，我戰戰兢兢地開口：「妳有沒有考慮過，和媽媽商量一下，請她不要再檢查妳的手機了？好好說一下，媽媽或許可以諒解的。」

必須過動

「不可能。」若娃不假思索地搖頭：「媽媽有說過，她是我最好的朋友，我們之間不可以有祕密⋯⋯就像她也會把自己的事情告訴我。」

「所以，妳就不再用手機跟朋友聯絡了？」

「對。我很累，同學也很累。他們跟我抱怨，跟我說話要很注意用詞，免得我媽哪天心血來潮，突然打電話過去罵人。久而久之，他們不太喜歡跟我聊天，最後，幾乎沒有人傳訊息給我了，即使有，也是討論一些功課和考試的事情，他們不會和我聊天。」

若娃給整段故事下了註解：「我有時候很困惑，媽媽也會把自己買鞋子的發票丟掉，免得被爸爸發現，可是媽媽卻可以不用管我的心情，直接看我的手機，這不是很矛盾的事情嗎？」

在她說話的此刻，整個人的神容竟淡淡地散發著經曉人事的世故。

這情此景，令人不由得怵目驚心。

仍有不少亞洲的家長服膺權威式的管教方式，他們相信，上對下的模式有助於親子關係的穩定；介入孩子的私領域，也是保護孩子的有效手段之一。在這種氛圍下，強調孩子隱私權的聲音，往往會被壓抑，甚至遭受到負面的攻擊。

曾有一位家長跟我說過：「在小孩子無法為自己的作為負起全責之前，既然父母可能得承擔小孩犯罪的責任，就有監督的義務。看孩子的日記、書信和往來通訊，合情合理。在小孩子成年之前，他們尚未成為一個獨立的個體，自然也是沒有隱私權的。」

若娃即身歷其境。

在這樣的說法中，「比例原則」四個字不見了。

*

跟若娃的課程穩定下來，我得正視一個事實：她的基礎概念幾乎一片荒蕪。

若娃國三了，「先乘除、後加減」的概念仍需要我反覆提醒，分數與小數點的轉換掌握得很差勁，她曾說過：「一又二分之一就是一點二。」壓倒駱駝的最後一根稻草，是她的記性，她的大腦彷彿一片沙漠，不管我在上面刻了多重的字跡，挖了多深的溝，過了兩、三天，若娃會滿臉歉意地請我原諒，她又忘光了，一點印象也沒有。

週考、段考、模擬考，每一張考卷發下來，永遠是遍地開花，整片的猩紅刺目。

奇怪的是，對此楊太太永遠保持一貫的從容，似乎很習慣女兒拿這樣的分數。她依然不冷不熱地招呼我，依然在桌子上備齊茶點，依然笑臉盈盈地注視自己的女兒，了不起只是在走去隔壁小房間時，清清淡淡地說一句：「麻煩老師再加強一下。」

和楊太太一以貫之的冷漠相較，我的教學熱情倒是漸漸乾涸。一日，若娃又帶回一張三十六分的考卷，檢視整張考卷，裡頭有將近八成相同的題型感到厭煩。

「平常在學校上課的時候，妳都在做些什麼呢？」

的題型，若娃已做過很相仿的練習，我把考卷擱置一旁，換個方式檢討。

「發呆、放空、等下課。」

「每一堂課都這樣？」覺得自己的答案很有趣，若娃輕輕地笑了出來。

「對啊，」若娃舔了舔自己乾燥的嘴唇：「我從國小就是這樣，每一堂課都好無聊，坐在教室裡根本就是浪費生命。所有人都在忍耐，都在等下課，只是有沒有表現出來的差別。一樣的事情，今天講了明天又得再重複，要一而再、再而三地複習。學這些有很重要嗎？一次函數、二次函數，很重要嗎？媽媽說，數學不用學得太深，只要買東西會算錢、找錢，那就夠了。」

我心底一涼，沒有多言。

若娃不想學習是理所當然的，這是她母親一手栽培出來的結果。

「那妳喜歡什麼？」

若娃的大眼睛溜了一圈：「當然是和媽媽逛街啊，最喜歡和媽媽去逛百貨公司了，每一季，百貨公司都會上新品，不同季有不同的流行。媽媽最喜歡買鞋子和化妝品，很多櫃姐都認識她，她是大戶，她一刷卡就是好幾萬，還可以換一堆贈品！」

「好，除了逛街，還喜歡什麼呢？」

「吃好吃的餐廳！」若娃咧開嘴來，一口漂亮的貝齒露了出來：「媽媽是夜貓子，她看電視看到很晚，醒來時也差不多中午十二點、快要一點了。她中午只有一個人吃，吃得很隨便，吃完就去逛街、做頭髮或者是去spa，反正就是等我放學。媽媽很在乎晚餐，晚餐有我陪她聊天，她喜歡那種點幾道菜，可以坐很久的店，一邊聊天、一邊吃飯。」

在若娃的協助下，我很輕易地在腦海中勾勒出楊太太的一天，很明顯地，她是個日子不虞匱乏、卻也孤單寂寞的人，女兒去上學的幾個小時，她無聊到得四處打發自己的時間。

緊接著，若娃神祕兮兮地笑了笑：「偷偷跟妳說，媽媽以前很瘦，拍婚紗照那天，她還不到五十公斤，現在胖了至少二十公斤，妳就知道媽媽晚上有多會吃了。老師難道沒有發覺，為

必須過動

什麼我們很常跟妳更改上課時間，叫妳晚半小時再來嗎？那是因為，有時老師快來上課了，媽媽卻還在吃她的甜點啊——」

語畢，若娃笑了起來。

她覺得母親為了多吃幾口晚餐，打電話請家教晚點來上課，這件事很好笑。

若娃並不知情，她所敘述的這個情境，造成我多大的困擾。

楊太太經常在課程開始的半小時前，匆忙掛一通電話過來：「老師，不好意思，還在忙呢，可否晚一點再來？」她要我等待的時間不一，短則十分鐘，長則半小時。過往，我寧願相信，真有重要的事情耽擱了這對母女的行程，若娃卻誠實地告訴我，事情並不如我所想。

我有些不悅，可是，若娃沒有錯，我不能遷怒於她。

「好吧，除了逛街、吃大餐以外，妳還喜歡做什麼呢？」

「嗯……」若娃偏著頭，認真想了一下：「看韓劇！我跟媽媽每個晚上會一起看韓劇，今天要上老師的課，媽媽八點就會先看別的節目，等到十一點再跟我一起看重播。」

「十一點？那看完都幾點了？」

「一集有一個半小時，看完大概十二點半，偶爾一集會延長到兩個小時，看完就是一點了。」

若娃似乎真的很喜歡韓劇，在五分鐘內，便向我介紹了至少七、八檔韓劇，對於每一部韓劇的風格、領銜角色、主題曲和配樂等等，無一不是信手拈來，如數家珍，其中她最愛的一齣莫過於《祕密花園》，若娃並且與我分享她和母親的瘋狂行徑：「有一次，媽媽好不容易租到一整套《祕密花園》，我們從第一集開始看，看到凌晨三、四點才睡，只花了兩天就複習完全部二十集！爸爸說我們母女很誇張，上輩子搞不好是韓國人。」

不自在的感覺再次蔓延開來，某個環節之間出現了斷層。

「妳看韓劇的時候，也需要看三十分鐘，就休息十分鐘嗎？」

若娃還在興頭上，她的語速很快：「不需要。當然不需要！影片是租來的，沒有廣告，看起來很過癮。想上廁所的時候，才會按一下暫停。第一天晚上，一口氣看了快要八個小時。」

聞言，空氣彷彿長出了小牙齒，輕咬著我的全身。

我始終沒有向楊太太說明的是：在若娃之前，我其實教過幾位比較「典型」的過動兒。

而他們的表現和若娃截然不同。

＊

從此，我開始觀察若娃的一舉一動。我對於自己觀察若娃的心態感到不安，但我無法停止，太奇怪了，在若娃看小說、編手環或者陪母親吃飯時，她的耐心會一口氣長出來，安安靜靜地坐著好幾個小時也不生氣；她的記性很好，妳跟她提過的生活瑣事，幾個月下來她都能記得清楚牢靠，可是，前天才提過的公式，模擬了十幾次的題型，一轉身她又忘得一乾二淨。至於學校老師出的功課，若娃會以取巧的方式完成——隔日拿去學校抄。

我常常看著她，腦海閃過千百種念頭，其中有好的，也有不好的。

有一天，若娃服藥時，我禁不住好奇地問道：「吃這些藥，會對妳的身體——或者說大腦，產生什麼影響嗎？」

「我也不知道這藥是吃來幹嘛的，媽媽說這是幫助我安靜下來的藥。」若娃把嘴裡的水嚥下，口齒不清地道：「媽媽叫我吃，我就吃啊。」

「若娃，我問妳哦……」我拿捏著語言的進退：「妳認為妳自己有ＡＤＨＤ嗎？」

若娃轉過頭，看著我，我們眼神交會良久，她的嘴巴緊閉，眼底布滿緊張。

你的孩子不是你的孩子

她八成沒有察覺，自己正有一陣沒一陣地摳著自己的指甲。

我明白到：我傷害到她了。

「沒關係，妳不用回答我──」我急著轉移話題。

沒想到，若娃主動打斷了我：「老師，偷偷跟妳說，我認為我沒有ADHD。我也不喜歡誰稱我『過動兒』，我並沒有正常吃藥，我常常把藥扔進馬桶沖掉。」

這下子，換我啞了聲，嘴巴動了又動，卻一個字也吭不出來。

若娃苦著臉，一點一滴像是擠牙膏般地吐出了真相：「我上國小時，上課喜歡放空，老師說我可能有注意力不集中的問題，建議我媽帶我去找醫生。一開始，我跟媽媽一個月要跑好幾間醫院，因為很多醫院的醫生都說我很正常，有注意力缺失的『傾向』不表示我是過動症的小孩。

換句話說……很多醫生覺得我沒有必要治療。」

聽起來是值得高興的事，但若娃看起來有些沮喪，她又說：「媽媽很不甘心，一天到晚幫我安排不同間的醫院，找不同的醫生，回答不同的問題，搞得我煩死了，直到這位洪醫生，她說她願意開藥給我吃，媽媽才鬆了一口氣，我也不用在不同醫院間跑來跑去了。」

「所以，妳看這麼多醫生，不是每個醫生都說妳有ADHD？」

「對。」若娃答得有些有氣無力：「我也不曉得標準是什麼，有的說有，有的說沒有。只是……哎，媽媽最近又有新的煩惱了，她在找資料，想確定一下，像我這種情形的小孩，去考基測有沒有辦法加分，如果可以的話，她會去跟洪醫生商量看看。基測加分，對我很有幫助。」

我點點頭，低頭在記事本寫下⋯查詢過動症加分事宜。

在我安靜思考的分秒間，若娃又扔了一個炸彈過來。

「媽媽以前不是這樣的，是因為哥哥不在了，她才會變成現在這個樣子。」

「哥哥？」

「對啊。我有個哥哥啊，只是他很小就過世了。」若娃看了我一眼：「老師，妳的表情好好笑，有那麼嚴重嗎？」

我回過神來，笨拙地點頭：「是啊，我有點沒辦法接受，妳們沒有透露出半點徵兆。」

「是啊，哥哥的事，在我們家是大忌，一旦誰提起哥哥，媽媽會哭很久，哭到沒辦法停下來那種。我只是想強調⋯⋯媽媽以前不是這個樣子的，她以前很瘦、很漂亮、身材很好，工作能力也很出色，在公司有眾多追求者，爸爸是其中之一。他們結婚後，媽媽想繼續工作，可是阿嬤身體不好，只能帶一個，哥哥年紀比較大，媽媽只好把他先交給保母。有一天，保母打給阿嬤

媽媽，說哥哥爬窗戶摔下去……人現在送去醫院了。」

若娃仍舊看著我，聲調沒什麼高低起伏：「老實說，我對哥哥不太有印象，哥哥過世時，我才一歲多一些，媽媽也不太喜歡跟我談他的事。哥哥的事多半是親戚跟我說的，那個保母把哥哥哄睡之後，人在隔壁的房間做事，哥哥睡到一半醒來了，找不到人很緊張，窗戶又開著，他站在床上往窗戶爬，整個人就掉下去了……他在醫院躺了一個禮拜，還是救不回來。」

我聽到腳步聲，緊張地往門外一看，楊太太好像正在找東西，走來走去，左顧右盼。

若娃也跟著我的視線往外看，她要我別在意，楊太太準備要出門了，她約了朋友吃消夜。

我回頭看著若娃，靜默了好半晌。

擁有祕密是辛苦的，擁有他人的祕密也很辛苦。

我與楊太太之間的互動，像是一張張幻燈片在我的腦海裡播映。她的漫不經心，她的心不在焉，她的寂寞孤單，對她我忽然有了截然不同的詮釋方向。

她失去過一個兒子。

楊太太原來失去過一個兒子。

認知到這件事，令我感到對不起楊太太，我對不起她，我曾經把她想得這麼糟，把她的一

言一語、一舉一動，淨往不好的可能去猜想。

「哥哥死了之後，媽媽把工作辭掉，把我從阿嬤家接回來，一心一意地帶我。她喜歡把我當成很嬌弱的小 baby，她喜歡照顧我，她怕我亂跑，出門會盡量抱著我。第一天去幼稚園，我很怕跟媽媽分開，一直哭，不吃飯，媽媽就把我從幼稚園帶回家，我再也沒去過幼稚園了。可是，國小是義務教育，不可以不去。有一天，便服日，我穿了一件好看的格子襯衫，釦子有一顆沒扣好，但是我不知道該怎麼弄，只好拜託隔壁同學幫忙，那個同學在全班面前取笑我，說我長這麼大，還不會扣釦子。我回家告訴爸爸，他們兩個人大吵一架，爸爸說，媽媽把我寵成一個沒有生活自理能力的笨蛋。」

「妳爸的疑慮也是很正常的。」

「我知道，爸爸在說什麼，我全部都知道。」若娃有些不快地把桌上的橡皮擦推開，橡皮擦滾啊滾地掉到地上，新光三越買的橡皮擦，上頭的標籤寫著三十元。

外頭傳來鐵門捲動的聲音，楊太太出門了。

「可是，我不能不管媽媽啊，她需要我，她想照顧我！」若娃有些生氣地抬高音量：「不按照她的意思走，她會很難過。所以，老師，妳懂嗎，我不能沒有 ADHD，我不是在開玩笑！」

妳沒有看過我爸以前的模樣。我剛進國小時，每一科都是倒數的。爸爸看到我的成績單，第一次氣到想打我，他說他這輩子沒有看過這種分數，可是，爸爸又說一切都是媽媽的錯，媽媽整天帶我去逛街、吃餐廳，學前教育沒做好，又不讓我上幼稚園，程度才會落後同學一大段。媽媽被罵之後很傷心，躲在房間不出門，也不讓我進去看她。我想幫她……可是我又不喜歡念書。」

「然後呢？」我問，聽到這裡，情節之中隱約有條線串了起來。

「隔幾天，媽媽問我為什麼不認真讀書，我跟媽媽說：『我不喜歡待在教室裡，上課的時候好安靜，我好害怕太安靜的地方』，老師也說我上課放空的時間很長，或許有注意力的問題。媽媽懷疑我有過動症，帶我跑了很多間醫院，到洪醫生這裡才停下來。媽媽拿著藥跟爸爸說，我這種小孩很辛苦，跟一般小孩不一樣，不可以拿一般的標準來要求我。」

「爸爸也認同了媽媽的說法？」

「爸爸最初很抗拒，他不相信我有ADHD，叫媽媽不要一天到晚讓我吃這些藥。可是，爸爸很忙，沒辦法分太多時間給我，幾年下來，他也慢慢接受了。現在，爸爸完全沒在管我的成績，他說，我不要太勉強自己，開心就好了。我們家不缺錢，我長大了也不需要工作，既然如此，學歷對我而言不是太重要的事。」

若娃停下來，她又有一陣沒一陣地摳起了指甲。

「前幾天，爸爸跟我說，我長得很漂亮，不用太擔心我的未來，只要把自己打理得漂漂亮亮的，找一個經濟條件不錯的男朋友，找不到的話，爸爸也會養我一輩子。」

「那妳想要過這樣的生活嗎？」我開口，聲音粗糙得像是磨在砂紙上。

「我不知道。」她轉過身，雙眼盈滿困惑。

「老師，我真的不知道，我不知道什麼是對的，什麼才是為我好。」

＊

「過動症」可能是一個標籤，也可能是從天而降的神仙索。

沒有是非對錯，我們必須讓自己的每一天過得更舒適、更心安理得。

我們必須讓自己不那麼害怕明天的降臨。

很多人想問，若娃最終考得怎樣？去哪裡了？

對於執著於結果的人，我可以說，我沒有辜負若娃母親的標準。但那不是一件值得說嘴的

事，終究那是個很低、很敷衍了事的標準，甚至辜負了「標準」一詞。

不過，我更想說的是，若娃最終去哪所學校就讀，一點也不重要。若娃父親是證券公司的高階經理人，他和妻子只留下一個孩子，他不會讓他唯一的孩子受苦。

我可以想像得到，這對夫妻早已擬妥一份關於資產的規劃書。縱然他們先後離世，若娃也會有一筆足以供她一輩子維持現狀的財富。

無論若娃去了一間很好的學校或者很糟糕的學校，那都不會影響她的人生、她的人生已經定型了。她只是換了一個時空，發呆、放空、等下課，每個夜晚，陪著孤單的母親，在不同的餐廳裡品味精緻的餐點。三年後，若娃再度面臨大考時，楊太太可能會上網重新登錄資料。

之後，這對母女在家等待、等待一張新的面孔來按門鈴，來者可能很年輕，也可能有點年紀，總之，楊太太會對來者如此說道：「我的標準很簡單……」

那張價值三十來萬的原木方桌，屆時應該還在。楊太太或許會倚著桌子，表情豐富地講解，就像對我那樣，她會再複述一次「過動兒」的症狀與應有的處遇。

想到這樣的景象，往往令我失落得無法言語。

# 私的迷思。

「穿上這制服，是一種格格不入的壓力。」

我從來沒見過這麼疲憊的一雙眼睛。

表面上，他看著我，但他的思緒其實早已飄到了很遙遠、誰也不知道的疆土。

偶爾，他會開口詢問：「我女兒最近的狀況，好嗎？」更多時候，他只是擠出一個不自然的微笑，搔搔自己的腦後，看著我，不知道要說些什麼才好。下班之後，他頂著兩丸泛紅的眼球，探頭進來，確認一下我們上課的狀況，他會很正經地跟我致歉：「老師，不好意思，我要先睡了哦。」之後，他會轉頭看向巧藝，用有些嚴厲的聲音命令她：「巧藝，待會送老師出門，要有禮貌知不知道？」

他往浴室的方向走去，沿途，他止不住地抓著自己的後腦勺，看著他蹣跚的背影，我這才發現，巧藝的爸爸頭髮掉得很厲害啊——從後方可以看見有些區塊禿了，亮出泛白的頭皮。

他步伐沉重地移動著，用力地用指甲抓著頭皮，發出令人不安的聲音。

現在想來，那顯然是某種訊息：他已經超載了。他想要一段屬於他的假期。他不需要搭上飛機或遊艇，抵達某座熱帶島嶼，光是待在自己的床上，好好地睡上一段超過十二小時的覺，他就能感到幸福。但他不能休息，這個家需要他。

台灣的就業環境漸趨嚴苛，他也有些年紀了，他得以更長的工時來證明一件事情：他不會

被這殘酷的社會給淘汰。他無法想像自己，有一天將成為「失業人口」的其中一個數字。

巧藝是我第二個學生，一位學姐太忙了，把自己剛接下的案件轉給我。現在回想起來，巧藝父母給的時薪很不漂亮，但在學姐慎重的拜託之下，我也抱持著認真的態度接下這個案子。

在巧藝之前，我教過一個國中女孩，但時間太短了，我對那名女孩的記憶不深。

我很常把巧藝記成是我的第一位學生。

一進去巧藝家，我很快注意到，這個家平常時候只有巧藝一個人。

巧藝的母親目前在娘家的茶園工作，自然也住在娘家。隔週六日，母親會帶著兒子北上與丈夫和女兒重聚。農忙季節，母親最長得一個半月才能回家一次。

「這樣分開居住，感覺好辛苦啊。」

「沒辦法，我跟弟弟都在念私校，需要很多錢，爸爸說媽媽也得出去工作。可是，媽媽學歷不高，也跟職場脫節很久了，她之前找的工作都很糟，外婆叫媽媽乾脆回去幫忙採茶，她付的薪水比媽媽在台北間到的好得多。」

「弟弟呢?」我問。

「跟媽媽住在一起,媽媽說爸爸一個人顧兩個太累了。」

巧藝的語氣候地冷了下來,

我想她很羨慕弟弟吧。

我只比巧藝大上兩、三歲,為了讓我們相處起來活潑一些,我請巧藝稱我「姐姐」。也因為我們採取一個比較親暱的稱謂,連帶影響了我們之間的互動模式,我指導巧藝的課業問題,與她分享我的求學經歷,巧藝也會與我討論她私底下的生活。

巧藝很孤單。

這個家的女主人長期不在,男主人工作時間又長,環境於是變得凌亂且昏暗。

每次上課,我跟著巧藝的腳步,見她一打亮玄關、客廳的燈。光線打下來之後,很難忽略桌上堆疊的各式信件、繳費單和廣告文宣等等。巧藝沒有整理,也沒有人教她如何整理、分類那些信件,她只是把它們從信箱整串拔出來,再扔到桌上。

「妳晚餐吃什麼?」

她指了指桌上的塑膠餐盒⋯⋯「超商的微波食品。」

「每一天？」

「大部分。」她沉思了一下，做點補充：「有時候，會吃麥當勞。」

「怎麼不和同學一起吃晚餐？」

「爸爸不允許。」巧藝翻了個大白眼：「他看了太多電視新聞，被新聞搞得緊張兮兮，他有偏見，覺得年輕人聚在一起就會做出危險的事來。所以，他規定我一下課就必須馬上回家。

一個禮拜有一、兩天，他會打電話回來查勤，確定我到家了。」

我想起那雙疲憊的眼睛，沒辦法告訴巧藝，她父親的做法有什麼不妥。身為一個必須工作到八九點才能回家、家中又只有他與女兒的父親，他得把女兒管好。

巧藝的身上穿著充滿設計感的漂亮制服。

她在十個公車站距離的私立高中就讀，那間學校的風評向來很好。每一年，大學分發結果揭曉，該所學校的外牆便高高掛起紅布條，出色的錄取名單很能吸引過路人的目光。

我認為巧藝很幸福，在我眼中，讀私校隱約就是一種「與眾不同」的宣示。

這種觀點與我的背景有關，我的母親曾經很直白地表明，私校太貴了，她不會出錢供我念私校。

一次上課，我進去巧藝的房間。

床上、桌上和地上，散布著膠水貼紙和剪得零碎的彩色紙片。「老師，再等我一下，我快好了。」巧藝跳到床上，盤腿而坐，抓起剪刀與一張桃紅色的西卡紙，飛快地裁起紙張。

我坐了下來，隨手拿起一只邊緣修得很圓滑的愛心：「妳在幹嘛？」

「我在做生日卡片。」巧藝搥了搥自己的肩膀：「昨天熬夜做了三小時，還剩下一些裝飾，只要再寫上祝福的話語，這次的卡片就完成了。」

我瞧了一下書桌上的半成品，雖說是卡片，卻更像是一本小手冊，有封面，也有內頁。內頁主要是某個女生的照片集，有個人照，也有她與巧藝的合照，每一張照片旁邊都有巧藝下的標題，例如：「在百貨公司玩起自拍的我們」、「段考結束了，在桌子上呼呼大睡的妳好可愛」等等。書背的邊框黏著芥末綠的紙膠帶，正中央有一行金色的麥克筆字跡「要當一輩子的好朋友」，字的旁邊貼滿了細碎的小水鑽。

我把玩著那本手冊，對巧藝的手工很是驚豔：「是誰過生日？看妳這樣大費周章。」

巧藝仍專注在手上的西卡紙，沒有看我，嘴巴吐出一個人名。

「她是誰？妳很好的朋友嗎？」

「還好。」巧藝迸出了令我意外的答案……「算是普通交情。」

「只是同學，幹嘛做這麼精緻的卡片送她？」

巧藝沒有答腔，她站起身，打開衣櫃，從中取出一個喜餅盒，巧藝打開那個盒子的瞬間，我的眼睛也跟著亮了起來。毋庸置疑，那是一個少女的百寶箱。裡面躺著 Anna Sui 的小香水，S 牌的水晶項鍊和偶像明星的卡片，幾枚小吊飾等等。

巧藝的眼神很溫柔，這個小盒子收集了她所有珍藏的小物。

巧藝拿起其中一條白底藍點點的小手帕，放在鼻間吸了一口，露出心滿意足的笑容……「這是今年那個女生送我的生日禮物，姐姐猜猜看，要多少錢？」

「五百？」我不太誠實，因為我心中浮現的數字只有三百。

多出來的兩百是不想辜負巧藝期盼的目光。

巧藝用力搖頭，興奮地糾正我，語氣幾乎是炫耀了……「不、不，這條要一千二！」

我從巧藝的手上接過那條手帕，就著熾白的桌燈，仔細端詳。

「我不懂，就只是一條手帕啊——」

巧藝把手帕拿得更近些，指著一行繡字……「姐姐看不出來嗎？這手帕是 K 牌的。」

私的迷思

「我認識的品牌不多。」

「是嗎？」巧藝的臉蛋垮了下來，我的反應令她很失望。

巧藝輕手輕腳地把手帕摺好，放進盒子裡，關上蓋子，抱著盒子嘆了一口氣。

「姐姐，我覺得我家實在太窮了。」

我眉頭一皺，巧藝的思路轉了一個大彎，害我有些跟不上。

巧藝有些怨懟地說道：「我最好的朋友……她的媽媽在這學期捐了三十萬給學校，老師很開心，在全班面前表揚她。回家後，我問爸爸，可不可以也捐十萬？爸爸說不行。我讓步，改問捐五萬好不好？爸爸非常生氣，他罵我不知感恩……」

我聆聽著，心中湧現奇妙的情緒。

巧藝看了我一眼，問道：「姐姐有念過私校嗎？」

「我幼稚園好像是私立的，太久了，有點忘了。不過，從國小到大學，我都是念公立的。」

巧藝幽幽地說道：「姐姐，妳知道嗎，我真羨慕妳……」

「羨慕我？妳瘋了嗎？」我失笑，搖了搖頭：「拜託，多少人才羨慕妳。」

「別的不說，光是妳身上的制服，有多少人想穿啊。」我指著掛在書桌旁邊，那一身好看的制服……

「可是，沒人知道⋯⋯」巧藝苦著一張臉⋯⋯「穿上這制服，帶給我多少壓力。」

「壓力，妳是指讀書的壓力嗎？」

除了亮眼的治學績效，那所學校的課業壓力也很出名。

「不是讀書的壓力，是一種格格不入的壓力。」

巧藝的表情很認真，她不是在開玩笑，我收起笑臉，以相同程度的嚴肅回應她。

「格格不入的壓力？」

「嗯。」巧藝輕輕地點頭，眉頭蹙起，她的嘴開了又闔，像是魚缸中吐泡的金魚。

幾秒鐘後，巧藝有些不情願地開了口⋯「姐姐，我國中才開始讀私校，也就是說，我國小念的是公立的，那時我很幸福，同學們都說，爸媽對我很大方，還會帶我出國玩。進入私校之後，一切都變了，在私校，同學們大部分認為出國旅遊是很平常的事情。我的父母反而告訴我，私校的學費很貴，他們無法再帶我跟弟弟出國了。我很挫折，第一次明白到我家其實一點也不有錢，跟私校的同學一比，我家搞不好還算是窮的。」

「巧藝，妳在說什麼傻話啊。」我拍了拍臉頰，無法接受巧藝有這般的想法。

「不，姐姐，妳聽我說，我不是在無病呻吟⋯⋯」巧藝的臉跟耳朵也紅了起來，她急著想

要說服我：「妳知道嗎？讀這所學校的學生，家裡都有錢到爆炸，有的家裡開公司，有的父母是醫生、教授或律師，包括某官員的女兒也在這間學校。假若他們知道，我爸在拉保險，我媽在茶園裡採茶，一定覺得很不可思議！」

我沒有說話，巧藝看起來很激動，眼淚在她的眼眶裡打轉，她很努力地不讓眼淚掉下來。

「職業是沒有貴賤的，父母也是沒有貴賤的。」

躊躇良久，我只能軟軟地吐出這句沒什麼說服力的話。

「我不是說我父母不好，我的意思是讀私校把我搞得很心煩。我不得不去想，我和其他同學根本就是不同世界的人。他們動輒送出好幾百、甚至上千元的禮物也不會心痛，我不是，我沒這麼多零用錢，我沒辦法回送等值的禮物，只好認真做卡片，大家以為我喜歡做這些，才不是呢！做一本這個，要洗印照片、找貼紙、想祝福的話，我一想到就很煩。」

「妳可以告訴他們，請同學不要送這麼貴的禮物。」

「不——姐姐，妳實在很不了解這裡面的生態。我寧願做卡片做到死，也不想被他們認出我跟他們的不同。哎，爸爸說我很自私，弟弟之後要回台北念書，媽媽搞不好也會一起搬回來，不在茶園工作了。屆時家裡的收入變少、支出變多，凡事都是錢錢錢，我竟然還在想捐錢的事。」

原先，對於巧藝的言論，我心底有些不以為然。然而，聽完巧藝的心境，我再次環視這個房間，灑滿床的紙花紙片、裁剪下的照片邊緣、散落一地的美術用品，以及坐在中間，一臉無助的巧藝，我有些明白了，她是真的很辛苦。

一次，巧藝要求禮拜天加課，我首度在週末時段前往她家。

下課後，經過客廳，難得地，客廳坐著一位婦人和一名小男孩，小男孩目不轉睛地看著電視，婦人則看著我。我站在原地想了三秒鐘，才意識到婦人是巧藝的母親。

婦人露出友善的微笑，離開沙發，她把巧藝喚了過去，遞給她一張五百塊鈔票：「去那間轉角的店買泡芙給老師吃。」

巧藝溫馴地點了點頭，正要往玄關走時，巧藝媽媽拉住她的手臂：「帶弟弟一起去。」

電視前的小男孩發出不甘願的呻吟：「姐姐自己去就好了。」

婦人的聲音輕柔，卻帶有不容拒絕的威嚴：「快點，把電視關掉，跟姐姐一起去。」

少了電視的干擾，姐弟倆也離開了，客廳一下子變得很安靜。

「老師，先坐下來吧，那間甜點店要排隊，他們至少要四十分鐘才會回來。」

113　　　　　　　　　　　　　　　　　　　　　　　私的迷思

巧藝的母親給我倒了一杯水，坐在我左側的小沙發上，她的雙手交握，憂心忡忡地看著我。

至此，我已經很確定，她有話想要對我說。

我全身僵硬地坐下，不敢說話，她的出現太突然了，不在我預期之內。

見我這樣拘謹，巧藝母親先釋放出善意：「老師，我要先謝謝妳，妳的學歷很好，又很願意花時間聽我女兒講話，妳來了之後，巧藝時常在電話中提到妳，她一直很渴望有個說心事的對象，現在，有妳的陪伴，她在家也不會那麼孤單了。」

我點了點頭，困惑地注視著她，她特地將我留下來，不可能是為了說這些。

看穿我的疑問，巧藝的母親沉默了幾秒，像是下定了什麼決心。再次開口時，便切入正題：

「老師，這些日子，巧藝有沒有跟妳說什麼關於家裡的事？」

「哪方面？」家裡的事，這四個字涵蓋的範圍太廣了。

巧藝的母親清了清喉嚨，把話說得更仔細：「她有沒有抱怨家裡的一些狀況？我這孩子最近不知道怎麼搞的，對我愛理不理，問她什麼也不好好回答，這也沒關係，我知道我平常跟她分隔兩地，她有怨言在所難免。可是前天晚上，她在電話裡罵我笨，說我不夠關心這個家。聽到這句話，我嚇得沒心情做事，等弟弟週末放假，我趕緊帶著他跑回家。今天早上我問巧藝，

她也只是冷冷地看了我一眼，叫我自己去想。」

巧藝的母親自嘲地笑了笑：「我丈夫是個不苟言笑的人，電視新聞又看多了，整天在那胡思亂想，長期下來，巧藝也不願把自己的事情跟她爸說。至於我，她內心多少有些埋怨，這一次也不太想跟我談。老師，妳可能有印象，這孩子近日有沒有跟妳說了些什麼？我晚點要回娘家了，最近娘家也忙，我回台北，也是把很多事丟給我父母做。巧藝的事再沒有頭緒，我也只能懸著一顆心去搭車了。」

在她的臉上，我讀到跟巧藝父親十分相似的情緒：疲倦。

這也是一張飽經風霜的臉。根據巧藝的說法，她的父親今年四十六歲，母親小父親四歲，換句話說，眼前這位女性，也不過四十出頭，卻已頂著一頭枯黃乾燥的髮絲，皮膚很明顯地缺乏水分與彈性，一些白斑錯落在她的顴骨上，不曉得是天生，還是因為忙於工作而無暇做好防曬。她低頭時幾縷花白的髮絲就穿了出來，垂落在她的額際，使她看起來，足足比實際年齡大了十歲有餘。巧藝的媽媽雙手用力搓揉著泛紅的指節。

在那一刻，我想起那個畫面。巧藝的父親也時常把手放在後腦勺上，指尖深陷進髮梢，我彷彿又能聽見指甲刮在頭皮上的聲音。

他們夫妻倆都在為了這個家庭的存續，奮力掙扎著。

我知道發生了什麼事。

幾個禮拜前，巧藝的態度開始變得很古怪，說起話來意興闌珊，不若過往精神。我問她，發生了什麼事。她只是哎了幾聲，揮揮手要我別過問，繼續上課。她的反常持續了三、四堂課，作業沒寫的情況也漸趨嚴重。

有一天，我才剛踏進巧藝家，她一看到我，淚水迅速地在她的眼眶中累積。

「姐姐，我懷疑我爸他……好像快要失業了。」

「妳怎麼會有這樣的想法？」我把包包放下，立即走到她的身邊。

「上上禮拜，學校要抽驗作業，抽到我的座號，但我忘記帶數學習作了。我趁午餐的時候，偷偷搭計程車回家拿。到家時，我看到爸爸還穿著睡衣，躺在沙發上看電視，桌上放著一瓶高粱酒。爸爸看到我，也嚇了一跳，他說，他人不舒服，所以請假在家休息。」

巧藝吸了吸鼻子，說了下去：「我要出門時，我爸又把我喊住，要我答應他，不可以把看到的事情告訴媽媽。我覺得有些奇怪，但爸爸既然說他只是生病，就姑且當作他是生病好了。

直到剛才，我回家經過管理室，管理伯伯問我，爸爸最近還好嗎？車子停在地下室很久了。我問伯伯，爸爸沒有去上班嗎？伯伯說應該沒有，爸爸這一陣子到了下午才出門，身上雖然穿著襯衫，可是手上沒有提公事包。」

「妳跟媽媽說了嗎？」

「沒有。我哪敢。」巧藝的眼淚終於掉了下來……「我叫伯伯先不要跟媽媽提這件事，媽媽要處理的事情夠多了……姐姐，我是不是不應該讀私校，我快要把家裡的經濟拖垮了──」

「妳先不要想這些有的沒的。」我急急地打斷巧藝，怕她無止境地悲觀下去。

然而，巧藝做不到。

對於自己就讀私校一事，巧藝的罪惡感越來越深。她歆羨同學的心態更嚴重了，她不僅歆羨同學家境的富裕，更歆羨他們的無憂無慮。

終於，她承受不了這麼多的罪惡感，母親則成了她情緒的出口。

此時，巧藝的母親雙目微濕地看著我。

她正在期盼，期盼我能讓一切的混沌撥雲見日。巧藝不會說的，若我也保持沉默，她就得

117

帶著遺憾返回娘家。

等我回過神來，我已經說出口了，只是我說得很婉轉，詳情留待巧藝補充。

她們是家人，家人有該說的話。

聽完之後，巧藝的母親眉頭一展，竟然笑了。

「女兒太小看我了，她爸最近的狀況，我心裡多少有底。我不說是不想給丈夫壓力，大環境不理想，哪個行業沒受到波及？再說，家裡的狀況，沒有巧藝所想的那麼糟糕。我在娘家工作前後快要六年，手頭現今也有一筆錢了。她的擔心有些多慮了。」

聞言，我也鬆了一口氣。

巧藝沒有誇大，她的母親確實很堅強，是支撐起這個家的支柱。

「阿姨，我可以問一個問題嗎？」

「當然，妳可以問啊。」

「為什麼妳那麼堅持把小孩子都送去念私校呢？」

問題的下半段，我藏在心底。

我更想問的其實是：之所以把小孩子送去私校，是為了滿足個人的虛榮心嗎？

巧藝賣命剪紙的背影、她的壓抑與自卑、她的眼淚，我都看在眼底，不免起了一種自大的心態，想要「糾正」巧藝的母親，想要告訴她，妳要女兒去念私校，帶給她多大的痛苦與不安。

面對我尖銳的問題，巧藝的母親愣了一下，撫著自己的臉，沉吟了一會才徐徐說道：「沒錯，妳可能會覺得我們不自量力，沒那個本錢，還硬要把自己的兒女送去私校就讀。但是，我們這麼做，也是迫於無奈。老師，巧藝有跟妳提過，我跟我老公的學歷都很低嗎？」

我搖頭，關於這一點，巧藝沒有著墨太深。

「年輕時，我們不太會想，覺得讀書好無聊就放棄了，我老公高職畢業，我最高學歷只有國中。長大一點才知道學歷很重要，先說我老公，這些年，保險業競爭很激烈，業務員的一個比一個年輕、學歷一個比一個好看，我老公有個同事還念到碩士。反觀我老公，年紀有了，學歷又不漂亮，講話的說服力就輸人一截。我自己更慘，最高學歷只有國中，巧藝弟弟上國小那陣子，我想出去工作賺錢，畢竟栽培小孩很花錢。之後的事情巧藝八成也跟妳說過了，我丟出很多履歷，可是叫我去面試的工作都很糟，娘家看不下去，要我回老家採茶。」

見我茶杯空了，巧藝的母親站起身來，打開冰箱拿了一瓶葡萄汁給我。

她自己也拿了一瓶柳橙汁，插上吸管喝了一口，便把握時間地說了下去：「我跟丈夫很早

就約法三章，不能讓小孩走上我們的路，可是，我們自己也不會念書，怎麼教？巧藝小六那年，拿一張英文考卷來問我，整張考卷我看得懂的字沒幾個。我跟她說，媽媽不會，妳可以去問老師，巧藝回答我……『可是老師不喜歡我們佔用到她的下課時間』。她那失望的表情，我這做媽的，看了真是心如刀割……」

「可以寫聯絡簿跟老師反應看看？」

「不行，這方式很危險，一個不小心，巧藝會被老師盯上。我不想讓老師認為我是個『要求很多』的家長，再說，這麼簡單的英文也不會，是我自己的錯。」

「所以，阿姨就決定讓巧藝之後念私校了？」

「對。我聽人家說，私校的老師比較積極，教學方式比較活潑。重點是——私校很在乎家長的感受，一旦對哪個老師的作風有疑慮，可以馬上提出意見，校方也會很正經地面對，跟公立學校的風氣大不相同，我聽了就很心動，覺得自己再怎麼拚命，也一定要讓自己的小孩享受到不錯的教育環境。巧藝國小一畢業，我就把她送去私校，她弟弟也比照辦理。」

巧藝的母親嘆了一口氣：「我比所有人都清楚，這樣的支出是不小的負擔。我不曉得巧藝是怎麼想我，想她爸，想這個家庭。我只在乎一件事，我想給他們我覺得最好的事物。巧藝現

在可能很不滿，但多年之後她再回頭看時，說不定會有不一樣的想法。」

玄關傳來喧鬧的聲音，巧藝帶著弟弟回來了。

巧藝的母親換上笑臉，起身去給一對兒女開門，即使她臉上深鑿著勞碌的風霜，眼中卻閃著熠熠的光芒。在那一刻，我可以感受到她非常愛她的小孩。

送兒女去念私校，與虛榮心無關。

說穿了這對父母只是很害怕，害怕子女活得跟自己太像。

　　＊

巧藝考上了排名頗為前面的公立大學。

這不能算是我的功勞，是她自己的。

考前幾個月，她很堅定地告訴我，公立大學跟私立大學在學費上的落差，多少可以貼補弟弟就讀私立高中的學費。之後，她全心全意以公立大學為目標。

放榜那天，巧藝的母親打了通電話過來，這是我們第二次談話：「老師，我不曉得該怎麼跟妳說，我從來沒想過，我們家有人可以念到這麼好的學校。很抱歉，我最近還是很忙，沒辦

私的迷思

法親自請老師吃飯，我有準備給老師的禮物，很簡單啦，希望老師不要見笑……」

我請巧藝吃飯時，巧藝交給我一個紙袋，臉色有些尷尬。

「姐姐，妳不要太期待，不然妳會失望的。」

我撕開紙袋上頭的淡紫色紙膠帶，是一盒手工巧克力餅乾。

「媽媽親自做的。我跟她說妳喜歡吃巧克力。」

「哇，好貴重的禮物。」

「哪有，材料費加一加搞不好不到一百元，很便宜好不好。」

巧藝的嘴裡還有食物，她的話全黏在一塊。

我想起那條手帕，那條一千二的藍底白點水玉手帕。我也想起那對任勞任怨的父母，他那日益光禿的後腦、她微白的髮絲，還有他們夫妻倆共同擁有的標記：一雙疲憊的眼睛。我突然感到非常低落。但我沒有表現出來，今日聚餐是為了慶祝巧藝考完試，我不想破壞氣氛。

在故事一開始我提過，我經常把巧藝記成我的第一位學生。

有一種說法是，踏入任一職場環境時，最初的工作經驗會影響到這個人之後對這份工作的

理解與心態，我個人很認同此一觀點。巧藝帶給我的影響，有正面，自然也有負面。在巧藝之後，我掉進一個教學上的窠臼。我自以為可以複製類似的成功經驗，但我錯了。

在巧藝之後，我進入一個富裕的家庭教書，學生正是巧藝口中「有錢到爆炸」的孩子。

那學生很調皮，前幾堂課，罔視我的臭臉，一再低頭滑手機。

有一次，我忍不住動了氣，提高音量訓他：「你再這樣下去，我很難跟你父母交代。」

那位學生終於抬起頭來看我一眼，幾秒鐘後，他露出微笑，現出小小的虎牙……「老師，妳不用太緊張啦，反正我考得再爛，我爸還是會幫我的。我姐之前也考得不怎麼樣，我爸打一通電話，還不是進去D學校讀書了？老師，妳放輕鬆一點嘛，不要給自己太大壓力，OK？」

他甚至用手指比出一個OK的手勢。

在那瞬間，我強烈地思念巧藝，思念那對為了子女而奔波的父母。

巧藝沒有多少退路，相反地，這位學生的父親給他鋪好了太多條退路。

我也想起巧藝母親的那句話。

一件事，很多年之後我們再回頭看，說不定會有不一樣的想法。

# 一脈不相承。

「我們都是為了取悅母親寧願委屈自己的人」

*Like mother like daughter*

茉莉很小的時候就知道，母親明玉的心是核桃。

如何在沒有工具的前提下，取出核果，又維持核果的無傷呢？這是很大的智慧。

自小，茉莉一家就是村內矚目的焦點。茉莉的父親敏雄繼承祖業，專營南北貨，事業規模不小，地方上的人看見他，大都清楚他的身分來頭。事業臻至高峰時，敏雄娶了一位來自台北的大小姐——明玉。婚後明玉給敏雄生了一對兒女，男的叫柏宥，女的叫茉莉，兄妹倆都遺傳到明玉好看的臉蛋，五官精緻，膚色白皙。

來自台北的明玉，對於兒女的期待也有些不同。

兄妹倆不過五、六歲，明玉即在他們的耳邊慎重表明：「雖然我們住在台南，等到你們十五歲，哥哥要上台北考建中、妹妹去考北一女。兄妹倆一個穿卡其色，一個穿綠色的制服，若是如此，做母親的也就沒有遺憾了。」

明玉說這些話時，有一種妖魅的氛圍，像是在撒嬌，也像是在許願。明玉的眼神晶亮，小茉莉可以看見母親眼中的小火焰，燒出熠熠的明暖。那時，小茉莉還不懂「北一女」這三個字，但她已能辨識綠色，她猜北一女與綠色之間，篤定有什麼魔法或者宿命般的結合。為了母親，為了留住明玉眼中那道光的神采，她必須得到那顏色，那綠。

小茉莉上初中時，明玉訂了成績標準——九十分。少一分，打一下。考卷發下當日，就是論定賞罰的日子，像是世界上大部分的標準一樣，這標準也不乏彈性，明玉心情好的時候，八十五分也能睜一隻眼、閉一睜眼。相反地，倘若不巧那天明玉心裡有事，八十九分還是被罵得狗血淋頭。

柏宥的標準是八十分。

「為什麼哥哥的標準比我低？」小茉莉曾如此問過。

「因為妳是女生。」怕小茉莉不懂，明玉又加重語氣：「記住這個道理，在這世上，女生表現九十分，跟男生表現八十分，在外人眼中是差不多的。更要緊的是，即使妳可以表現出九十分，放在心底就好，在男人面前不要太驕傲。一旦妳太強硬，壓過男人的鋒芒，就是自己把日子搞得很難過。」明玉的一席話，彷彿是藥，更像是毒，注入茉莉的血液裡，在茉莉睡下的夜晚，不停地繞著她的周身奔流。

有一天，小茉莉數學不及格，考完時她已經覺得不妙，等到考卷發下來她更是嚇得手腳發軟。該死的是，那回考試失手的人不多，老師不給加分，無疑是給小茉莉判了死刑。回到家門，

一脈不相承

小茉莉全身發白，明玉跟她討考卷，她顫抖地從書包裡摸出那張紙呈給明玉。明玉見了，眉頭一抬，一句話也沒說，抄起電視櫃旁的藤棍，一陣猛打。

小茉莉很早就懂得，疼痛是一種必須學會與之共處的事物。明玉打到十來下時，茉莉已經不那麼痛了。她兩手撐地，跪在地上，背蜷得像蝦米。她在等待，等待明玉打得手痠。茉莉不是第一天認識自己的母親，明玉一旦拿起棍子，就很難放下，除非她累了。

汗水滑進她的眼睛裡，小茉莉恍惚之間想起一件事，柏宥也考過一次五十八分，明玉只是念了兩句，摸摸柏宥的頭催他快吃飯，吃完飯趕緊念書。小茉莉心裡不由得酸酸的，眼睛掉下眼淚，跟汗水和在一起。

*

一天，遠方來了一個人。

封實多年的核桃，微微地裂了縫。

那天是茉莉父母很得意的日子。柏宥考上了陽明山那間醫科，茉莉考上北一女。茉莉的父親大手筆地辦了二十幾桌，但凡常來茉莉家走動、泡茶聊天的，見者有份。整個場子，敏雄淨

是柏宥、柏宥地喊。一下子說「柏宥快點來這看這位阿姨」、一下子又是「柏宥快來見這位議員叔叔」，茉莉考上北一女的喜悅，完全給柏宥考上醫科的光環遮蓋住了。

茉莉把眼前所有人事都收入眼底，偷偷希冀著，父親待會就會走過來，對她說一句，好女兒，妳也辛苦了。

只要父親一句話，茉莉可以忘記過去七、八年間，她拒絕的那些遊玩邀請、被明玉沒收的課外讀物、被關在家裡的寒暑假──當然，也包括她這七、八年挨過的棍子。

只要父親一句話，茉莉的傷口會好的。

好不容易，熙來攘往中，父女的眼神對上了，聚光燈降臨，茉莉停止呼吸，最佳女主角的夢幻時刻，她已經背誦好台詞，不會的，爸爸，讀書一點兒也不辛苦。臉上掛著輕盈的微笑，語氣務必溫柔婉轉，然後，父親會說：「妳真是個懂事的女兒」。

偏偏事情不是這樣發展的。

敏雄咧開嘴，對茉莉笑開一嘴黃牙：「茉莉，妳快去媽媽的梳妝台上，把哥哥的成績單拿來。

鄧叔叔來了，說不信有人的數學可以拿這麼高分，他要眼見為憑，我偏要叫他心服口服！」

像是有誰在胸口撒了鹽，茉莉的心房心室瞬間萎縮了。

她吸了吸鼻子，上二樓，進房拿了成績單要往回走，在樓梯轉角撞到一個瘦瘦的人影，儘管樓梯光線不足，倒是不影響香味的傳遞，茉莉聞到淡淡的香氣，猶豫地喚了一聲：「小阿姨？」

記憶中，只有小阿姨有灑香水的雅興。人影出了聲：「茉莉，我找妳找好久了。」

果然是小阿姨。

小阿姨是家族裡的傳奇，眾人說起她總有點顧忌。傳說她年輕時談了一場刻骨銘心的戀愛，兩人交往五、六年，男方卻娶了小阿姨最好的朋友。小阿姨沒有說過男方一句壞話，只是她也沒有結婚，在台灣的日商公司做了幾年行政工作，存了一些錢，最終跑到日本久住，接了一些翻譯的案子，也出過幾本居家整理的書，日子過得恬定優雅。

「小阿姨，妳在找我啊？」茉莉有些受寵若驚。

「對啊，在樓下沒看到妳，妳爸說妳在二樓，我就親自來看看啦。」小阿姨笑著祝賀：「茉莉，恭喜妳啊，北一女不簡單哦，這可是妳媽媽的夢想呢。」

「啊？」茉莉困惑地抬起臉。

「妳不知道？」小阿姨的聲音溫柔優雅：「妳母親從小到大都很會念書喲，初中讀北二女，

你的孩子不是你的孩子
130

高中想考北一女，可惜失常了，分數讓我爸、也就是妳外公很失望。妳母親想重考，妳外公不答應，說女生沒有挑選的資格，沒人把錢花在栽培女兒讀書，看妳媽要認命一點去念其他學校，還是趁年輕早點嫁人。妳外公給兩條路走，看一眼妳爸照片就點頭了。慶幸敏雄是個好人，算疼妳媽，否則我也不知道事情會如何發展下去……」小阿姨遲了一下，偏著頭，語氣有些斟酌：「妳母親嘴巴沒說，但我猜她心底很怨吧，妳外公太重男輕女了。」

越聽到後頭，茉莉的嘴巴張得越大。像是在未受到邀請的情形下，無意間踏入一座私人花園。花園和牆外的風景截然不同，裡頭有外人不知曉的枯榮。茉莉終於懂了綠的真實意義，懂了母親每一次往她大腿抽打的狠勁。茉莉也想起舅舅，那個讓外公外婆頭疼得要命的獨子，大學重考三次才考上，五年快六年才畢業，險險當成醫學系在念。畢業後，成天遊手好閒，外婆看不過去，只好頂下一間雜貨店給他做老闆。

明玉很少在柏宥和茉莉的面前提到自己唯一的弟弟。

不，明玉也很少提起自己婚前的情景。

茉莉翻遍了腦海，這才發現，自己對於明玉婚前種種一無所知。

明玉怎麼不說呢？在成為母親之前，她一定也有好多故事。

「倒是給我撿到了好運，哥哥不長進，妳外公沒理由拒絕我念大學了。」小阿姨輕鬆地笑了笑，下一秒，她斂起笑容，眉心折起：「茉莉啊，不要怪妳母親對你們兄妹倆這般嚴苛，這是妳母親心底的死結，她自己也不好過。」

茉莉看著小阿姨，心中思索著這段話。

小阿姨見茉莉沒有答話，上前握住她的手，細聲叮嚀：「茉莉，上台北要小心身體。該花的地方不要省，書好好念，該玩的時候也不要辜負。我差不多要離開了，先下去找姐姐說話。」

小阿姨放開茉莉的手，轉過身，往樓梯下了幾步，又回過身，指指樓下燈火明亮處，要茉莉一起看。從她們的角度看下去，正好看見明玉摟著柏宥，和幾位太太嘻笑著。明玉臉上的笑意是如此真摯。記憶中，母親從沒這樣笑過，笑得如此好看大方。

茉莉站在階梯上，心底難過，不想再往前。小阿姨沒等她，自己下樓找明玉去了。

等小阿姨走遠了，茉莉這才注意到，自己口袋鼓鼓的，她伸手進口袋裡一抓，是一只捲起來的紅包，準是小阿姨剛剛塞進去的。

水氣浮上了眼簾，茉莉再度吸了吸鼻子，裝作沒事地下樓，把柏宥的成績單交給敏雄。

＊

又三年，茉莉考進台灣最好的大學。入學後，茉莉的成績始終拔尖。甫升大四，一位張教授相中她，邀請茉莉前往他的實驗室，加入他的國科會計畫。茉莉是整間研究室裡最年輕的面孔。

之後茉莉考上研究所，張教授自然成了她的指導教授，張教授十分器重茉莉，常誇茉莉學習能力好、反應速度快，是他諸多重要研究的左右手。

茉莉的碩論寫到七、八成時，張教授把茉莉叫去辦公室，說有事商量。

茉莉手麻腳麻、誠惶誠恐地走進辦公室內，不曉得張教授有何打算。

張教授看到茉莉，心情顯然不錯，他雙手交握，倒在舒適的沙發椅上：「我看妳的論文進行得差不多了，剩下的都是一些增刪修改的小事。茉莉——妳將來有什麼打算？有沒有考慮去美國念博士？」

「美國念博士？」

張教授打開了一扇大門，裡頭是茉莉從未想過的世界。

133　　　　　　　　　　　　　　　　　　　　　　　　　一脈不相承

「對啊，妳跟在我身邊也有兩、三年了，我看得出來，妳的人格特質很穩定，思考也很快，研究室其他學長姐都慢妳幾拍。妳想的話，我可以幫妳寫推薦函。Y大學的教授是我的換帖兄弟，我們從高中認識到現在，只要我寫一封信，這事至少就成功一半。茉莉，妳考慮一下，不用操心錢的事，美國學校多半有提供獎學金，以妳的能力，沒問題的。」

跟張教授告別，茉莉旋即打了一張車票回台南老家。

敏雄沒意見。明玉反對得很激烈：「不行，妳千萬不可以再往上讀了。」

「為什麼？我讀碩士時，媽不是也很開心嗎？」

「不是的。哎，妳這孩子，怎麼就是不懂呢？」

「那是怕美國學費太貴嗎？張教授有說，可以申請獎學金，下下之策就是去接點零工，媽，在美國生活，沒想像中那樣困難。」

再過幾個月，柏宥就要結婚了，近日敏雄跟明玉為了兒子買新房、開診所的事宜，在幾家銀行之間忙得跟陀螺似的，茉莉只好往錢的方向去猜。

「真是錢的問題，就好處理了。哎……」明玉長吁一聲，埋怨地瞅了茉莉一眼：「妳還搞

不清楚嗎？妳現在二十四歲了，再念上去，等妳拿到博士，都快三十了。」

「三十又怎麼了？」

明玉不耐地啐了一聲：「妳是在跟我裝傻嗎？誰要娶一個三十歲的女博士？」

茉莉一愣，看不出母親有這樣的心思。

明玉拍拍茉莉的肩膀，曉以大義道：「妳趕緊把論文做個結束，快些回台南。我有在幫妳探聽對象了，很不錯的人選，台大醫科的，大妳八歲，在台北榮總給人看病，聽說看病很有耐心，病人都很喜歡他。這件事不能再拖了，人家父母很著急。我看過對方的照片了，頭小小的，眼睛也小小的，鼻子還有點塌，但感覺是個顧家的老實人。」

明玉的話沉甸甸的壓在茉莉的心尖上。

在回台北的車上，半睡半醒之間，茉莉想起小阿姨，想起母親的心結。

想得很深之後，她睡著了。

＊

明玉口中的老實人，叫作永信。跟永信約會過幾次後，茉莉很是氣餒，與其說永信是個好

脾氣的人，不如說他很冷感。每回茉莉問：吃什麼？今晚去哪兒？你喜歡我這件洋裝的花色嗎？永信一貫的回答是：都好、可以、還不錯。

幾次往返，茉莉覺得很累，不問了。

之後，只要跟永信出門，她便訓練自己成為一個寡言的女人。

唯獨在生物科學面前，茉莉才感受到永信的溫度。永信訂閱了很多自然期刊，他掩卷微笑的滿足神情令茉莉印象深刻，甚至懷疑永信對於其他生物的熱情遠勝過對人的。

茉莉曾向母親表達對於嫁給永信的遲疑，明玉卻一一反駁了茉莉的想法，明玉說，永信這樣的表現最好，如此質樸靜默的男子，婚後絕不會到處拈花惹草。

怕茉莉不甘心，明玉再補充道，永信的父母長居溫哥華，茉莉嫁過去沒有婆媳問題的苦惱。

茉莉於是嫁了。她不愛永信，但永信會是個好丈夫。

出嫁那天，明玉沒有掉下一滴淚，她看著永信，滿意地笑了又笑。

茉莉看著母親，也沒有掉淚。

婚後，茉莉搬去永信台北的公寓，沒有出去工作。

明玉警告茉莉：「別再想什麼工作賺錢的事，都嫁給醫生了，還差妳這一份薪水嗎？永信年紀有了，妳當前的任務就是安分地給他生一個孩子。」

茉莉確實不缺錢。永信每個月的薪水，扣掉匯給雙親的孝親費和自己的基本開銷，其餘全數交給茉莉，也從不過問茉莉打理金錢的方式，相同的，他也不過問茉莉成天在家是怎麼作息的，只要他下班時冰箱有吃食即可。單就此點，明玉當初的推論沒有錯，永信對妻子缺乏熱情，往好的方面想，就是他可以給予妻子很大的空間。

茉莉於是開始了她人生中最緩慢的時光。

每天，她睡到日上三竿才起床，跳過早餐，炒碗飯打顆蛋權充午餐。看看預錄的影集，漫不經心地灑掃拍灰塵。待日照偏移，不那麼曬的時候，茉莉便踩著包鞋，懶懶地前去百貨公司地下一樓的超市買菜。去的時候搭公車，回程亦然——即使手上提著兩大包肉品跟菜。

她會開車，但她不要，搭公車也不是為了環保或省錢，她的時間太多了，她需要一個效率不高的移動方式來延長整個購物時間。

公車搖搖晃晃，令她想起研究室的奔忙，那時老覺得時間好少不夠用。

下車，硬幣嘩啦啦掉入投幣箱，她才醒來，提醒自己，如今是醫生的妻子了。

緩慢時光，在婆婆滑了一跤後畫上句點。

賣場員工拖好地，忘記放上告示牌，婆婆滑了一跤，傷到了脊椎。賣場經營者很有誠意，婆婆得到一筆優渥的賠償。照理說，請個看護幫忙照看兩、三個月，事情就可以圓滿落幕了。

但永信卻不放心，要茉莉飛去加拿大親自看看。

茉莉很彆扭，和婆婆相處不滿二十四小時，就得協助婆婆盥洗、如廁完給她拉褲子。由於婆婆行動不便，兩老又吃慣了中式料理，茉莉得早起挑魚選肉，想菜單花色。

夜晚，茉莉懊惱地睡不著，偷偷地倒數歸程。卻沒料著，婆婆病癒了，自己卻驗出懷孕兩個月。

永信也很樂見這個安排，要茉莉聽公婆的話。公婆很開心，叫她想辦法留在加拿大待產，好讓小孩拿身分。

茉莉在加拿大生下一個女兒。初見嬰兒，皺巴巴的，一團紫紫的肉，看起來一點也不可愛，還有些嚇人。護士抱走嬰兒，不知是怎麼給她洗的，抱回來時，一身柔嫩薄透的肌膚，瞬間變成可愛的娃娃。抱著女兒的那一刻，茉莉哭了，覺得好神奇。

可惜永信不在場。他說醫院很忙，叫茉莉自己帶小葉回台灣。

＊

女兒小葉是個很奇特的嬰兒，很少哭鬧，醒來的時候，靜靜地躺在自己的嬰兒床，臉抬得高高的，看著天花板。婆婆對於這樣安靜的嬰兒感到不安，直說永信出生時，愛哭鬧又好動，要茉莉帶女兒去給醫生檢查。茉莉帶去給醫生看，醫生反笑茉莉多心。

茉莉索性嗯嗯啊啊地回應婆婆的一切問題，婆婆不甘示弱，很快地發展出新的招數，照三餐叮嚀茉莉：「妳回台灣後，要趕緊給永信添一個兒子。葉家一脈單傳，永信他爸是獨子，永信自己也是獨子，葉家的香火不能就這樣斷了……」

小葉兩個月大一點的時候，茉莉抱著她跳上飛機，逃回台灣。

在機場，永信與女兒初次見面，他接過小葉，上下端詳了一會，又平靜地交給茉莉，轉身往停車格走去。茉莉有些失落，她安慰自己，永信還需要一點時間。

小葉大了一點，明玉跟婆婆不時打電話來，追問小葉的成長進度，還不忘下指導棋。

寶寶會坐著了嗎？

她開口說話了嗎？她第一句話說什麼？

妳不可以偷偷退奶哦，寶寶喝母奶，長大才會聰明。

妳有沒有打碎小魚乾餵她吃？或魚油？吃魚的小孩念書比較行。

這兩位母親的共通點是：她們都教養出一位醫生兒子，對於自己的育兒方法有種常人無法理解的自信，她們非要茉莉遵照她們的指示不可；至於她們理念不同之處，便成了戰場，茉莉被困在中間，成了夾心餅乾。不知道從什麼時候起，茉莉習慣在深夜裡，躲進廁所哭，她咬自己的手以抑制哭聲。她不能吵醒小葉和永信。

哭得頭暈眼花時，研究室的光景反而變得很清晰，那個空間有一種穩定的邏輯和秩序，她在其中可以找到歸屬感，她可以確定自己是一分子。可是當前的生活令她挫敗，她無法歸納出另一種邏輯與秩序。在女兒、媳婦與母親的角色之中，她不知道自己是誰。

茉莉的手滿是齒痕，但永信沒有看到。

回台後，丈夫嫌小葉半夜會哭，抱著枕頭棉被跑去書房睡了。性的方面，她問過幾次，可是永信不想。久而久之，她便不再開口，事情自然也不再發生。

小葉又長大了些，能自己大小便、進食，睡眠習性也穩定了下來。

茉莉多出一些私人時間，讓她可以多睡一點，她變得經常做夢，夢的內容很雷同，是那個下午。

熟悉的辦公室裡，張教授坐在那張看起來很溫暖的檜木辦公桌上，雙手輕鬆地往後放，支撐自己的重量。在他身後是大片的玻璃窗，窗簾拉起一半，午後的陽光透進來。

茉莉不得不瞇起眼睛看著張教授，她以一種幾乎是告解的口吻訴說：「教授，我不打算念博士了，仔細想了一下，我的學術熱情好像不足以支撐我再走下去，請您——不要生氣。」

張教授看著茉莉，他的眼神複雜難解：「茉莉，我懂的，我懂妳的苦衷，但是，我希望妳明白一件事情，只要妳願意……」張教授輕輕地嘆了一口氣：「妳的成就不止如此。」

只要妳願意——妳的成就不止如此。

夢境一到了這裡，茉莉會渾身冷汗地驚醒，她醒來第一件事就是找到小葉。找到小葉之後，茉莉會抱起她，小葉發出咿咿呀呀的聲響，撫摸她粉嫩的小拳頭，她晶亮的雙眼看著茉莉，好像茉莉是她全世界最愛的人。茉莉深吸一口氣，告訴自己，她不後悔，她選擇了最好的道路。

＊

小葉三歲了，開始上幼稚園。

此時，永信要求茉莉帶著小葉，陪同出席他與友人的聚餐，茉莉私底下稱之為「醫生會」，成員多是永信的同學，有些是學長學弟。畢業後，他們遍布台灣各地，有的落腳大型醫院，也有的選擇自行開間小診所。每兩、三個月，他們就相約一次。地點多半選在飯店裡頭的餐廳，隱祕性夠，餐點還算理想。

醫生有他們圈內的主題，諸如晚近的醫療技術與器材、期刊論文、不同體系的作風及健保給付的問題等等，茉莉沒很認真在聽，那不是她該關照的，她有自己的仗要打。

那群醫生的太太，世俗所稱的先生娘，也有她們圈內的主題。這群女子，她們的人生脈絡有些類似，例如，和醫生結婚後，她們多半沒再工作，全心投入相夫教子的活動。

茉莉起初對於認識一群新朋友感到新奇，幾次聚會下來，她很快地失去了興致。她沒辦法融入這個小圈子，這些女人的話題排行榜，第一名永遠是「如何栽培自己的小孩」。醫生的社經地位高，社會自然對於醫生的下一代格外關照。

茉莉是裡頭學歷最高的，這些女人慎重地向茉莉請益：

妳打算給小葉申請提早入學嗎？

小葉做過智商測驗嗎？

妳在家裡會試著跟小葉用英文說話嗎？

裡頭也有不識相的問題：「茉莉，妳還有生第二胎的打算嗎？」

這還不是最糟糕的。最糟糕的處境是，有些太太心中早已有了預設立場，茉莉和她們不過幾面之緣，便一團火似地撲過來，親暱地揉著茉莉的臂膀：「我跟妳說，我之前也是要拚男生，抓了好幾帖『包生男』的中藥，結果老二還是女的，最後朋友推薦，說萬芳那裡有一間不孕症中心，有個醫生專門在給人做『精蟲分離術』，很有效，我家小寶就是這樣來的，妳要不要試試看？我這裡有他的電話。」

茉莉拜託永信，可不可以不要再參加「醫生會」。

永信拒絕了，他有些動怒：「妳跟小葉不去，大家會以為我們怎麼了。」

　　　　　　　　　　　　　　　　　　一脈不相承

＊

小葉一日一日長大，她的一些特徵也一日一日明顯。她完全不是個討人喜歡的孩子，她很安靜，有些太安靜了。見到認識的人，也不打招呼，更不會像同齡的孩子那樣，喜愛伸出雙手雙腳丈量這世界的長寬。小葉喜歡據著一方桌角，隨手抓一張紙就埋頭畫畫，菜單背面是很好的材料，紙頁光滑，落筆順暢。有一次，紙畫到沒有餘白了，小葉並不氣餒，把創作的版圖往牆壁上擴張。茉莉睡醒時，看到整片慘不忍睹的牆壁，底下還寫了一行 4+4=8。

茉莉怔了，倏地掉進回憶的長河。

那時她才小四、小五吧，考了第一名，導師送一盒蠟筆，說是日本進口的，很寶貴。全班的眼球都黏在那盒蠟筆上，茉莉顫抖著雙手，從導師手上拿過那盒蠟筆。放學鐘響，她興奮地衝回家。柏宥不在，明玉去買菜，茉莉有些孤單。她從抽屜裡翻出舊報紙，開始畫，塗得太激動了，蠟筆數度滾出紙張，在飯桌上留下蠟痕。明玉提著兩塑膠袋的菜回家，看到飯桌被弄得髒兮兮的，氣得發抖，扔下塑膠袋，先甩茉莉一個巴掌，再痛打一頓。

「妳不讀書，給我畫這什麼五四三的。」明玉的話言猶在耳。

此時此刻，茉莉站在牆的前面，覺得自己像個母親，也像個女兒。她的心思千迴百轉，好多念頭纏捲在一起。她先拍下女兒的傑作，之後打了一通電話，預約粉刷牆壁的工程。

她沒有叱責小葉。

相反地，她告訴小葉：「妳真是我的小天才」。

這麼多年過去，茉莉經常從電腦中叫出那張影像。小葉的畫作不是單純的模仿，有些她筆下的生物，小葉甚至沒有親眼見過。看了很久，茉莉才懂，小葉不是在畫眾人眼中的世界，她只是忠實地「轉譯」她內心的世界。雲朵和木屋的比例混亂了些，太陽很大一顆，好多隻小狗與小鳥，還有茉莉辨認不出的小動物。牠們全都聚在一起。

遠在溫哥華的婆婆曾多次遙控，要茉莉帶小葉去掛自閉症的門診。

婆婆直言，小葉太「深沉」了，整天安安靜靜，一雙眼睛看來看去，也不知道在想些什麼，

這樣的小孩子長大之後個性會有偏差。

婆婆提了這麼多次，茉莉不是沒有動搖過，也曾跟著懷疑小葉生病了。

小葉內向、寡言，不喜歡與外人有肢體上的接觸，討厭擁擠的環境，她有多次在遊樂園跟

　　　　　　　　　　　　　一脈不相承

游泳池大哭的經驗。在教室裡小葉坐在最不起眼的位置，幼稚園上了三年，只交了一個不知道算不算朋友的人，小葉要走時那小女生都會揮手說再見。

小葉的確不像一般的小孩子。

然而，小葉的畫驅走了茉莉的不安。活潑的用色，圓融的線條，處處透露出一個訊息，這則訊息令茉莉放下長期以來的擔憂：小葉沒有生病，她只是表達情感的方式跟世界上多數人不同。

　　　＊

小葉上國小那年，永信的雙親捲入了一宗官司，茉莉無從得知詳情，只知道永信按月轉去加拿大的錢得加倍。茉莉不平，認為永信的兩個妹妹也該分擔這筆損失。

「憑什麼我們要負擔全額？當我們這小家庭是神仙，吃空氣就能存活嗎？」

茉莉第一次對永信大聲說話，她急了，這筆錢不是小數目，也不知道匯去的用途。茉莉的言語尖銳了起來，永信也動了氣，站起身大吼：「我是老大，又是做醫生的。大妹是家庭主婦，小妹一個月不過三、四萬，怎麼能叫她們幫忙負擔？」

茉莉看著永信，沒有說話。

永信見茉莉沒有回嘴，以為自己佔了上風：「再說了，這些錢都是我賺的，我一個月要給父母多少錢，是妳可以插嘴的嗎？」

茉莉轉身離開現場，把自己關進書房。她軟跪在地上，思緒凌亂。

在書房的地板上躺了一整晚，天亮時茉莉下定決心，她要出去工作，賺自己的錢。她想起一個人名，那是研究室的學姐，兩人感情一度很好，茉莉結婚後才淡了聯絡。茉莉拿起話筒，憑著記憶按下十個號碼，等待接通時，她可以聽到自己急促的心跳聲。

這通電話改變了茉莉的命運。

學姐跟友人新創一間公司，主打替代能源，手邊正缺人才。學姐給茉莉引介了一個職缺，茉莉很珍惜學姐的牽線，她一頭栽進這份工作，不出幾年，她慢慢深入公司的決策中心，連同股票、紅利跟獎金，茉莉的收入非常可觀。

跟茉莉薪水成反比的，是她與永信的互動。曾幾何時，永信竟會閃躲茉莉的眼神，窩在書房的時間長了，週末的球約多了。他也不再堅持茉莉得跑「醫生會」了，他不說日期，自己輕手輕腳地出門赴約。茉莉試著放低身段，主動示好，永信卻不領情。

＊

小葉十一歲時，有段小插曲。

明玉上台北來，忘了是參加誰的告別式，剩了一些時間，就順便來看看茉莉。把母親接進門，茉莉的眼皮止不住地跳，有種不祥的預感。

她給母親拿拖鞋送茶端水果，以招待客人的心態招待自己的母親。

明玉問了一些天氣陰晴的問題，茉莉答得有些心不在焉，她的視線無法抑制地往時鐘飄去。

她看得出來，母親的心如今又藏了一顆核桃，裡頭有核果，然而茉莉手中沒有工具，她也不想再走進母親心中的花園。

北一女。

台大醫科的丈夫。

夠了，她做得實在夠多了。

四點半多一些，明玉放下茶杯，她站起身，理了理裙襬，說不早了，該走了。茉莉節制著內心的雀躍，跳起身來，進廚房，冰箱開開關關，塞了一些營養補充品在母親的袋子裡。

明玉清了清嗓子：「茉莉，我有事情要和妳商量。」

茉莉的寒毛一根根站了起來。都坐三望四了，哪怕事業做得再大，她仍舊沒有長進多少，仍是那個捏著成績單、等待棍棒落下的小女孩。

明玉無視茉莉慘白的臉色，自顧自地開口：「我給妳打聽到，永康那裡有個看診快四十年的中醫，他們家有一帖祖傳包生祕方。住我們家對面那個徐阿姨，媳婦嫁來三年還孵不出半顆鴿子蛋。服藥才三個月，就中了一對龍鳳胎。」

「媽，妳說這個是要幹什麼？」

「妳不可以只生一個，一來，小葉是女的；二來，她的成績太爛了，一個是台大碩士，一個是台大醫科，照理說，小孩會遺傳到父母的智商。怎麼小葉這麼笨？我是怎麼教妳的，妳有在關心她的功課嗎？」

茉莉握緊雙拳，她為自己，更為女兒辯護：「小葉的成績或許不是頂尖，也沒有差到哪裡去。」

況且，這幾年永信的爸媽也很少過問了，他們應該是不介意孫子的事了。」

明玉冷冷地掃了茉莉一眼：「妳的公婆沒有找妳麻煩，不是因為他們放下了，而是他們先前也給你們添過麻煩，不好意思再說些什麼。只是人家沒說，不表示妳可以裝傻。我看妳這幾年，滿心滿眼都是公司，小葉的成績妳放著讓她爛，生兒子的事也沒放在心上。妳做人家妻子的，

眼中還有這個家嗎？妳不如辭掉工作，回歸家庭，想清楚自己的本分跟責任。」

「媽，我的事，我會處理，妳不用操煩。」

明玉不甩茉莉的抗議，更加重語氣說道：「簡茉莉，我是妳的母親，我得承擔管教妳的責任。

我不想聽到別人在我的背後嘲笑我，說我教出一個不懂人情義理的媳婦。」

　

*

　

茉莉說到這裡的時候，我來到葉家已有一年了。

我跟她就讀同一所大學，她對我格外親切，課程結束後，她會留我下來用餐。小葉的父親

很少回家用晚餐，她說有我的參與，母女倆的晚餐會多些人氣。

晚餐結束後，小葉會跑去用電腦看動畫，或是溜進房間畫圖，桌上只剩下我跟茉莉。這時，

茉莉會漫不經心地跟我閒聊起她自己的事。像是拼圖一般，每個星期得到一塊或者兩塊，長期

累積下來，已足夠我拼出茉莉五、六成的過去。

我在聆聽的當下，非但不覺得無趣，相反地，我對於茉莉與母親之間的糾葛著迷不已。

我又待了幾個月，故事的重心慢慢偏移到小葉身上。

「六年級下學期第一次段考，小葉得到全班第三名，我打電話告訴丈夫，丈夫很高興。小葉之前最好的名次，也不過是第八、第九。那晚他訂了高級西餐廳，七點準時到家帶我們母女去用餐。三個人，點了四千多元，包括一支香檳，我丈夫點的。我很訝異，他很少喝含酒精的飲料，但他那晚卻點了香檳，他說想放鬆，好好慶祝一下⋯⋯」

茉莉停了下來，她的臉上浮現如夢似幻的表情，她笑了一下，說道：「我很喜歡那晚的永信，香檳使他整個人變得很親切。結婚這麼多年，我第一次看見這樣的丈夫，堆滿笑容、很溫暖。

他不停地誇獎小葉，說小葉不愧是他的女兒，他以前考試都拿前三名。」

茉莉換了個姿勢，把重心放在右腳。

「現在想起來，反而覺得有些悲哀，我丈夫對女兒的愛是有條件的，」

她往廚房瞥了一眼，鍋內的水即將沸騰。

今晚喝的是羅宋湯，材料準備好了，塊狀的牛肉，切丁的蘿蔔和馬鈴薯，番茄先用熱水燙開再去皮，有的切丁，有的打成糊。

「老師，跟妳說個祕密哦。孩子的爸也不知道的祕密。」

「啊？」從虛掩的門縫中，我看見小葉低頭寫著數學習題的身影。拿著鉛筆努力地塗啊塗

　　　　　　　　　　　　　　　　一脈不相承

的，小葉的第三次模擬考要到了，她專注的神情好可愛，我不自覺地露出微笑。

「那一次考試──小葉作弊啊。」

水徹底沸騰了，傳出隱隱的啵啵聲。茉莉轉過身，走進廚房。彎下腰調整火候，從櫥櫃裡取出辛香料，整齊地擺放在流理台上。

茉莉背對著我，接著說下去：「小葉那一次的數學、自然進步好多好多，我太開心了，沒有去細想是為什麼。倒是小葉的導師注意到了，小葉這兩科的分數和坐在她隔壁的副班長一樣。導師調出他們兩個人的考卷來比對，錯誤的題目完全重疊⋯⋯」

茉莉頓了一下，要說出這些，對她而言並不容易：「導師把副班長叫過去，要查明真相，對方說，是小葉主動提議的。五百元，小葉給他五百元，他把數學、自然的答案給她抄。導師又問，那五百元呢？副班長說，拿去買戰鬥卡片了。老師，妳聽過『遊戲王』嗎？那是什麼？幾張卡片也能賣得這麼貴。」

我大略解釋了一下，過程中，難免心虛地側身多看了一眼。小葉還在算數學。

她沒有發現我們正在討論她的事。

「現在想一想，能夠遇到那種導師，小葉實在很有福氣。」

根據茉莉的記憶，那位導師是這樣說的：「一般考試違規的個案，得先通報校方，該名學生會得到記過處分，違規科目也會以零分計算。可是……小葉快畢業了，我有個私心是，希望她可以沒有陰影地離開這所國小。雖然對其他同學不很公平，但我不打算以體制內的方式解決，也就是說，我不會通報訓導處，校方那邊不會知情。」

茉莉握緊話筒，感激地一再道謝。

「小葉的數學是我教的，我會改登記為六十分，自然那科我再跟自然老師商量一下。副班長我已經把他調去外掃區服務一個月，五百元的事我們再來討論。」

導師停了一下，聲音更小聲了……「還有啊──小葉的懲處，我交給妳處理了哦。她很敏感，我又是導師，她一天要看到我那麼多次。若由我來處理，不保證不會留下後遺症。我不希望事情變成這樣，我說過了，剩下不到半年小葉就要畢業了……」

她們竊竊窸窣地交談，彷彿一場密謀。在公平與正義的天平面前，她們不再放下或拿走砝

碼，有些事情是壓根不能拿來衡量的。像是孩子。

「事情的經過就是這樣。」說完，茉莉雙手一攤。

「這位導師處理的手法很細膩，我很少聽過這麼認真的導師。」我說。

「沒錯，小葉畢業典禮時，我有和她聊了一下，小小隻，眼睛大大的，很熱情的一個人。」

「阿姨最初聽到小葉作弊時，有什麼感覺？」

「當然是生氣啊，我幾乎快氣瘋了！」茉莉睜大眼睛看著我。

「不過，除了生氣之外⋯⋯」茉莉的視線從我的臉上飄走，過了一陣子，她才慢慢地說道：「我也覺得厭惡跟羞恥。從小到大，我最爛也有前五名，我只相信自己的答案，作弊？我根本沒想過。我以前認為作弊的人很可恥，不想讀書沒關係，但作弊就表示你想不勞而獲，這種心態是我最看不起的。問題是，這次作弊的不是別人，是小葉，是我看了這麼多年的女兒，我根本不可能用這些字眼去形容她。」

茉莉深吐出一口氣，嘴角綻放著苦澀的微笑。

「等到生氣、厭惡與羞恥結束後，我才覺得傷心。我是真的很傷心，我傷心的理由，不那

麼完全是因為小葉作弊，我的傷心有部分是因為，我無法接受有這麼一天，小葉對我撒謊了，一直以來，我以為我們母女之間，是沒有祕密的。」

放回話筒，整個夜晚，茉莉專心地想一個問題。小葉是什麼時候學會說謊的？小學四年級以前，歷任導師給小葉的評價都很類似，不外乎是「品行善良、敦厚乖巧」。曾幾何時，這個「品行善良、敦厚乖巧」的孩子，會跑去用五百塊唆使別人幫她作弊呢？

茉莉想不到答案，這個答案在小葉身上。

*

隔天，她接小葉回家吃飯。那天晚餐很豐盛，除了主餐，茉莉還去了臨近新開的甜點專賣店一趟，外帶了一個德式烤布丁和一個限量草莓奶油蛋糕。

用過晚餐之後，小葉一邊享用甜點，一邊跟茉莉分享她的近況。小葉很關心的即將到來的畢業典禮，她跟茉莉提到六年級練唱畢業歌曲的盛況、班上近日氛圍的轉變以及自己心態上的不同等等。

茉莉專注地聽著，去上班之後，她已經好久沒有認真聽小葉說話了，小葉也很久沒說這麼多話了。

一脈不相承

小葉說完之後，換茉莉開口了……「小葉，妳是不是有事情沒有告訴媽媽？」

「啊？」小葉尚未意會過來。

「跟成績有關的事情。」

小葉一動也不動，身體一僵，接著開始發抖。

「妳這次段考的事，媽媽已經知道了。」

小葉的唇齒止不住地打顫，很快地，眼淚一顆一顆地滾落她的臉頰：「我不是故意要作弊的……我只是希望大家都開心而已……」

小葉哭紅了臉，結結巴巴地說道：「我有偷聽到妳跟朋友講電話，說外婆覺得我很笨，怎樣都考不到前十名，不像是妳跟爸爸的小孩。我害妳被外婆罵了對不對？」

「天啊──小葉妳聽到了？」

茉莉的心緊揪成一團。

最該認錯、道歉的人，不是小葉，小葉不是壞小孩。

她作弊的出發點，是她偷聽到母親的電話，她想證明自己是這對父母的小孩。

茉莉的心中充滿懊悔……「小葉，對不起，是我錯了，媽媽忘記告訴妳，妳之前的名次很好了，

那也是妳努力的成果。是我不好，我不該受到外婆言語的干擾。」

說著說著，茉莉的情緒也有些激動：「小葉，妳是媽媽最愛的寶貝，妳很好，妳是我生的，沒有人可以說妳不像是我的小孩。妳懂嗎？」

小葉點了點頭，雙眼含淚，似懂非懂地看著母親。

永信回家時，看到眼紅鼻紅的一對母女，皺了皺眉，沒有多問。

下一次段考，小葉被打回原形，退到十名外。永信知情之後，態度恢復淡漠。

茉莉不以為意，依然帶小葉去餐廳慶祝。

＊

小葉升上國中後，成績大約在十一到二十名左右徘徊。一年級課程結束後，茉莉思量了半個月，決定停掉小葉全數的補習班課程，改請家教，這也是我出現在葉家的原因。

我是出現在葉家的第一個家教。

第一次見面，茉莉跟我解釋，為什麼她要找個家教：「我們住的區域，算是明星學區，也是補習班的一級戰場，台北市優秀的學生淨往這裡集中，老師也習慣把每個學生當成資優生來

教。小葉不是特別聰明的學生，她去補習班只會越來越自卑而已。」

在小葉眼中，我是一位老師，但在茉莉眼中，我有其他角色要擔任。

茉莉，這個我學生的母親，我認識她時，她剛滿四十歲。四十歲，不惑之年，比起未來，茉莉更想花時間釐清她生命過去的一些事件。簡單來說，她想說故事，她需要一個聽故事的人。

這時，在她的生活中走入一個年紀只有她的一半，對人事有些懵懂，又具備好奇心的女生。

以聽故事的角色而言，沒有更好的人選了。

我心底雪亮，茉莉的敘述極可能失去某部分的客觀、迴避掉某些場景，或者放大某些對白的情緒。最極端的情況是，她隱瞞了一些過程，或者捏造了一些情節。我都可以諒解，我也應該諒解。因為，敘說的同時，茉莉也在試著詮釋，她在給自己不同的生命進程下定義。

小葉是個客氣明理的孩子，我給她安排五十分的作業，她就寫五十分的；給她安排六十分的作業，她就寫六十分的，不特別認真，也不特別怠惰，是個中規中矩的好孩子。相處起來不多話，挺安靜的，只是她的眼神會告訴妳，妳說的話，她都有在聽。

只要我一個不注意，她又會趴在桌子上開始塗鴉，沒人打擾的前提下，她可以畫上一整個下午。小葉的課本跟講義爬滿小動物與食物，偶爾水果長出手腳來，偶爾動物穿著正式的服裝閒話家常。我喜歡看著她的構圖，深受她的童趣所吸引。

我問過小葉：「畫圖技巧是跟誰學的？」

「自己看書學的。」

「他們的說話內容呢？又是從哪裡看來的？」

「自己想的。」

小葉笑咪咪地回答我。

我跟小葉相處了兩年，茉莉沒有給我什麼標準，確定小葉有跟上進度即可。小葉有一次考出第四名，我跟茉莉很驚喜，下一次她考第十名，茉莉也只是笑了笑，沒多說什麼。

我在茉莉家的日子總是很愉快，愉快得我不像是去工作。

　　　　＊

小葉快要考基測的前幾天下午，茉莉正好在我的大學附近見客戶。她約我吃下午茶。我們

159

說了一些小葉的事，更多時候，我們討論茉莉過去的事，我很熟悉這樣子的比例。

但是那一天，茉莉有些不同，她的語速很慢，不時停下來看著我，像在斟酌些什麼。

「小葉要升上高中了，以後妳也不會一個禮拜來我們家兩次了。」

我點點頭，嗅聞到離別的感傷。

完成階段性任務後，家教老師最後的工作就是好好地說再見。

不同的是，我捨不得小葉，更捨不得茉莉。

「有些感觸，我想跟妳分享，妳就當作是我的嘮叨吧。」

「阿姨請說。」

茉莉停了下來，拿起一個司康，抹上黑醋栗果醬，咬了一口，咀嚼了幾下，沒多久，茉莉放下司康，有些激動地開口：「小葉是我唯一的小孩，說來諷刺，我們最快樂的日子，或許是我懷她的十個月，那時我什麼也沒在想，只祈禱她健康平安。」

我點點頭，母親也對我說過類似的話。

「小葉出生後，我們都很辛苦，我有我的壓力，她有她的。小葉一天一天長大，外界對她的期待越來越多，我不能置之不管，只好勉強小葉去迎合他們的眼光。有時候，我會想，是不

是世界上沒有別人，只剩下我們兩個，我才有辦法好好愛她？小葉五年級的時候，自己說要去上美術課，我明知她有這方面的天分，也對畫畫有興趣，但我怕會耽誤到她的課業，勸她改上資優數學。小葉答應了，我卻高興不起來，心底有些空空的。小葉去上資優數學的第一天，她下車走進補習班，我看著她的背影，好像看到自己。為了讓母親安心，我沒有念博士，嫁人做家庭主婦。小葉也是，她為了讓我開心，放棄美術課，去補她沒有興趣的數學。」

茉莉靜下來，喝光杯中的紅茶。

我拿起茶壺，倒了一杯新的給她，茉莉點頭致意，說了下去：「我想保護我的女兒，但這很難，有時候我不夠勇敢，也會跟著別人一起傷害她。小葉作弊那件事，我到現在還是不太能原諒我自己。小葉有一點遺傳到我，我們都是為了取悅母親寧願委屈自己的人，可是，我不想要小葉成為第二個我，那很痛苦，有太多不必要的執著，到我這一代該結束了，小葉有她自己的人生。小葉要考高中了，我的母親、婆婆和永信很渴望她考上北一女，至少中山女中。我沒有。

我告訴她，妳有盡到努力最重要，不要管他們怎麼說，我會支持妳。」

茉莉看向窗外，右手揉搓左手的指節，眼眶些微泛紅。

我看見一個在女兒、妻子、母親與媳婦各個角色中，反覆取捨比例的女人。

幾天後，基測結束了，小葉沒有考上北一女，也沒有考上中山女中。

小葉打電話告訴我，她只考上附近的社區高中，爸爸跟外婆對她很失望，媽媽倒是很開心，說要帶她出國作為犒賞。小葉的語氣有些矛盾，她說，雖然有點對不起大家，但一想到在社區高中念書，課業壓力沒那麼大，或許可以花更多時間做自己喜歡的事，便忍不住有點開心。

掛斷電話之後，我可以想像茉莉正面臨的責難。

父母的言行態度，隨時隨地都在影響小孩子的每一個動作；而父母本身，可能也深受上一代父母的言行態度所影響。

茉莉說，丈夫的父愛是有條件的，他只在小葉考了前三名那次才像個父親。會不會有一個可能是，永信的父母也是這樣告訴他的？只有成功的小孩才能取得被愛的資格。

茉莉自己的前半生，像個傀儡一樣，母親要她往左，她不敢往右。明玉的內心滿是空洞，

茉莉犧牲掉人生的許多可能，盡力滿足母親的要求。直至作弊事件，她才明白小葉正在複製她的路，小葉也在勉強自己來取悅茉莉，不知不覺中，小葉的四肢也綁上了繩線。

跟永信不同的是——茉莉不想走上一樣的路，她決意給小葉的四肢剪斷所有束縛。

小葉可以自由地伸展手腳了，茉莉卻可能因此被貶抑為一個疏於管教的母親。

沒關係，茉莉會學會勇敢的。

我看得出來，世界上茉莉最愛的人是小葉，茉莉不能失去她。

後記：

故事裡有三個女子，明玉、茉莉與小葉。起初我寫小葉多一點，但是故事之後失控了，每個角色自己分配起各自的出場分量。我寫到後來才後知後覺，我對茉莉的感情，比我對小葉的感情更深。我若把焦點放在小葉上頭，這故事走到結局一定不精彩。

這過程，像是攤開一張揉皺的彩色玻璃紙，經過縝密地平整後，光線穿透，色彩於是灑落。

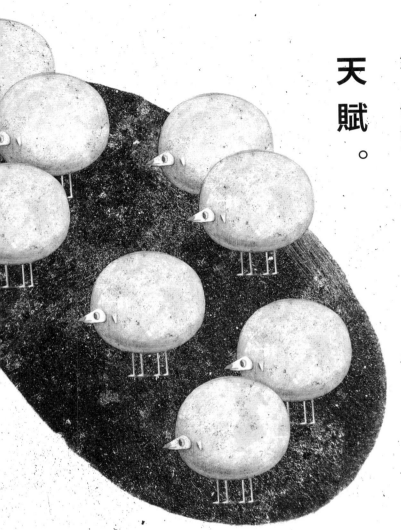

第 6 個家

**天賦。**

全家福裡他們笑得很燦爛，
沒人懷疑他們愛著彼此。

我做過一個不很嚴謹的調查，在我接觸過的六、七十位學生當中，我問了至少一半，最討厭大人對你們做哪些事情？結果令我十分意外，縱然這些學生的性別、個性、在家中的排行、父母的社經背景、居住環境等等均不相同，他們的回答倒是有些一致：「比較吧，最討厭父母拿我跟別人一起比較了」，有的學生說得更仔細一點：「如果比較的對象是手足，又更討厭了。」

因為你必須跟你的手足住在同一個屋簷下，朝夕相處，怎麼躲也躲不掉。

直到遇見紀小弟，我才真正明白這種處境的艱難。

＊

紀太太是我從事家教第五年認識的雇主。她生了一對姐弟，我先教導姐姐，姐姐資質不壞，順利地考取心儀的大學，待我準備功成身退之際，紀太太提出一個想法。

「我的兒子在補習班蹲了兩年，成績沒什麼進步，我也不知道他去那邊到底在幹什麼？如今他要考高中了，不如退掉補習班，由妳來接手。如何？」

紀太太和我商量時，姐姐也在旁邊聽著，她眉心輕攏，不以為然地撇了撇嘴，說道：「啊？老師之後要去教弟弟啊？不好吧，媽，妳是想把吳老師氣死嗎？」

你的孩子不是你的孩子　　　　　　　　　　　　　　166

我有些詫異，姐姐向來是個溫和的人，很少說話這般語帶酸氣。

即便如此，我還是接下了紀小弟的家教，我的想法很實際，姐姐升上大學之後，她原有的時段就空了出來，由紀小弟來填補，也省卻我再找一個學生的麻煩。

現在回想，那時的想法實在太單純了。

我應該多留心姐姐的話語。

給紀小弟上完第四堂課的當晚，人剛回到宿舍，還來不及上廁所，就接到紀太太的來電。

她聽起來很生氣：「老師，都第四次上課了，為什麼妳派給弟弟的作業還是那麼少？」

「少？」我在心底數了一下，不覺得有特別少。

「對，上一次我問他，功課寫完了嗎？他說寫完了。我不相信，他說，老師只出五頁。我怕他騙我，所以這次上課，我請老師勾一下作業的範圍不是嗎？剛剛我數過了，不到三十個選擇題。老師，一個禮拜兩小時的課程，三十道題目，這樣的練習不覺得太少嗎？」

「會嗎？」

「當然太少啊！」紀太太的聲音更響了，我把話筒挪遠了些：「而且，老師，我檢查過弟

弟的筆記本了，已經上了整整四回課，他的筆記只有四頁⋯⋯換作是姐姐，她至少已經整理出十頁的筆記了。老師，妳的教法是不是跟之前有差異，妳對弟弟比較不用心？」

「等等，紀太太⋯⋯」我試圖給自己爭取一些發言的空間：「我承認，在教弟弟時，我的教法會刻意輕鬆一點，那是因為弟弟手上的單字量不多，一些基本的文法原則也還在建立中，我以教姐姐的速度去教弟弟，弟弟很可能會跟不上。」

「老師，妳現在是在跟我說——弟弟的程度比較差嚕？」

當場，我像是個啞巴一樣，囁嚅著雙唇，丟不出隻字片語。該怎麼回答這個問題呢？

「老師，妳怎麼不說話了？」紀太太喪失了耐心，頻頻催促。

「紀太太，我沒有這個意思。」

小心地前進。

我站了上去。

現在，在我眼前，我看見了一條鋼絲線。

「那妳到底是什麼意思？」

線震盪了起來。

「我的想法是，弟弟跟姐姐的個性不同，姐姐很積極，弟弟比較慢性子。但是，我不認為這代表弟弟的程度比較差……頂多只能說是，我得先去找出弟弟學習的動機，因為姐姐本身對英文就很有興趣，弟弟則不然。我若一味逼迫，說不定只是在揠苗助長。」

冒險地踩了個大步，鋼絲的搖晃更劇烈了。

紀太太直接打斷我：「老師，妳不可以這樣想，妳這樣想就錯了，因材施教不是這樣的做法，這是不對的。妳教過姐姐，妳知道姐姐很自動自發，她不是那種會讓大人操心的小孩。弟弟則完全不是那麼一回事，他就跟牛一樣，很固執，總賴在原地，不思進步。妳要在前面用力拉，他才會老大不情願地往前走一、兩步。所以，老師，妳要在前面很用力地敦促他。」

「那，阿姨，妳覺得怎麼做，對弟弟最好？」

我靜止不動，打出安全牌。

「每一次上課都要考試！」紀太以我們開始通話以來，最興奮的聲調回答我。

「每一次？」

「對，每一次。考上一次課程的內容。我會準備一本聯絡簿，請妳一邊上課，一邊註記這

次上課的進度、教授的單字文法，這次小考成績和下次的考試範圍。每一次下課，請妳把那本聯絡簿交給我，我要檢查他的學習狀況，順便對照一下是不是有重點漏抄了。」

「聯絡簿？」我越來越覺得不舒服。

「對，沒錯，考試還有十個月，要在這十個月內把弟弟的成績拉上來，所以我們得合作，老師妳負責專心上課，妳不在的時候就換我顧著弟弟。聯絡簿寫得越詳細越好，我才知道我有哪些事項必須要檢查，只要我們貫徹這個模式，弟弟一定可以考上好學校的！」

紀太太口中的好學校，是姐姐的母校。台北市男女合校的第一志願。

「好，我知道了。」

「哦，對了，我希望他的功課，可以出得比姐姐多一些。姐姐的英文很優秀，不用緊張，弟弟的英文卻很爛，姐姐練習一張考卷，他可能得寫兩張，才能達到一樣的水準。」

「好吧，我會試試看這樣做。」

掛上電話後，整整二十分鐘，要不是強勁的尿意持續勒索我的膀胱，我根本起不了身。

看了一下手機螢幕，通話時數：四十三分。

經驗告訴我，紀太太之後還會再打電話來的。

父母是一種太孤單的職業了，一旦他們的情緒找到出口，他們便會繼續開發這條道路。

整個晚上，我不停地自問：「莫非陳小姐的那一套，錯了嗎？」

　　＊

陳小姐是另一對姊妹的母親。一模一樣的狀況，姊姊升上大學後，她要我轉為輔導妹妹考高中。

這對姊妹感情很好，她們共享一個房間。從前，當我給姊姊上課時，妹妹就在隔壁桌子讀小說、寫作業，偶爾也會加入我們的對話。

好幾次，我注意到她在一本幾乎吃掉半張書桌的大筆記本上，忙碌地塗塗改改，努力地填滿行間的空隙。稍加探聽之下，妹妹有些得意地告訴我，她正在「連載」一個玄幻、架空的故事。

每節下課，班上幾位同學會爭相傳閱她的最新進度。

這引起了我的好奇，我也喜歡寫東西。姐姐中途休息時間，我就轉頭和妹妹討論她筆下故事的劇情，角色之間的比重和後續的進展等等。

和嚴肅、習慣按部就班的姐姐相較，妹妹的想法很天馬行空，她是個浪漫的小孩，跟她聊天總是很愉快。在妹妹身上，我彷彿找到過去的我，抱著一本筆記本就能行遍萬里。是以，陳小姐提出這個想法時，我欣然答應。我以為，就我和妹妹的交情，上起課來一定很輕鬆愉快！

沒想到，第一堂課結束，我沮喪得簡直不想再上第二堂課了。

平日與我互動良好的妹妹，在我們成為師生之後，在我們之間的話題從小說跳躍成英文之後，妹妹變得意興闌珊，短短兩個小時，一百二十分鐘，有數次，她看著我，童稚的眼神藏不了太多心事：她在等待，等待時間一到，我會離開。

九點的鐘聲一響，我可以感覺到她鬆了一口氣。

妹妹毫不遮掩的反應令我很沮喪，我彎腰駝背地步出她們姊倆的房間，心事重重。

陳小姐送我去搭電梯，她笑咪咪地問道：「妹妹的狀況好嗎？」

「說實話……一點也不好。」

陳小姐的笑容咧得更開了：「果然，我當初問妳要不要教妹妹的時候，就已猜出妳會有今天這樣的反應。老師，妳知道問題出在哪裡嗎？」

「跟姐姐相比，妹妹似乎對讀書沒那麼熱中？」

「今天是老師第一次正式接觸到妹妹的學習狀況，會有這樣的心得是人之常情，因為，和姐姐放在一起看，妹妹的學習意願似乎不太理想，但這並不是妹妹本身的錯，可以說是長期以來，外界給她施加的壓力導致的，更直接一點說，是我給她施加的壓力導致的。」

「不會啊，阿姨是很明理的家長。」

這可是真摯的肺腑之言，在我教導姐姐一年左右的時間，從頭到尾陳小姐都沒有干涉太多。

在我心中，她是不可多得的家長，她給老師很大的彈性與空間。

「哈哈，那是因為妳不認識以前的我啊──我跟妳說，姐姐從小在學業上的表現就非常出色，不僅是學科，即是才藝競賽，哪怕老師臨時地推派她出去比賽，姐姐也能輕鬆地抱回不錯的成績。我以為，姐姐這樣的成就很理所當然，等到妹妹也進入小學時，我才察覺到事情才沒有這麼簡單！」

「妹妹的成績，不如姐姐嗎？」

「對，妹妹的排名大概落在班上的中間，這只是學科，才藝比賽更不用說了，她在小四之前，只參加過一次比賽，還是說故事比賽……」陳小姐聳了聳肩，繼續說道：「老師說，她在班上

天賦

就是『存在感很低』的一個人，不屬於任何個小圈圈，沒有什麼個人意見，也不太會主動參與討論，跟大家的交情很淡。大家對她的評價不外乎是：普普通通，不特別好，也不特別糟糕。親朋好友都很惋惜，想說姐姐那麼優秀，怎麼妹妹的資質卻很平庸？」

我聽得很入神，陳小姐沒有跟我提過這方面的事情。

「我很緊張，覺得有些對不起妹妹，一樣都是我生的孩子，怎麼天分差這麼多？妹妹該不會一輩子都活在姐姐的陰影之下吧？我很怕，就幫妹妹請了兩個家教搶救她的課業。當時，我的出發點很簡單：『只要姐姐能，妹妹一定也可以』。但是，請了家教之後，不行，整個毀了，妹妹非常抗拒，上課前她會哭鬧很久，有時老師都站在門口脫鞋子了，她還站在客廳哭。我沒其他的方法，只好跟妹妹討價還價，拜託她進房間上課。有時候，老師才講了半小時，妹妹就開始要性子，還會用腳踢老師，她曾把一位剛升大學的女老師給氣哭了。」

陳小姐紅著臉，乾笑了兩聲。

想到內向的妹妹抬腳踢人的場景，我忍不住跟著笑了起來。

「我丈夫覺得我快要把妹妹給逼死了，就找人介紹一個諮商師，據說很擅長家庭問題，我們第一次見面，才談了四、五十分鐘，三十歲多一些，剛拿到博士學位。那諮商師很直接，

她就抬起手來，制止我繼續說下去，然後，她跟我說了一句話，讓我一輩子都忘不了，她說：『陳小姐，妳的小女兒會變成現在這個樣子，有很大一部分是妳造成的……』當場，我目瞪口呆，氣得想要衝出諮商室。我覺得她不懂，一個未婚、又無子的人，憑什麼批評我帶小孩的方法？」

陳小姐是個可愛的婦人，她很誠實，不會刻意美化事情的前後發展。

「但是，我丈夫想的跟我正好顛倒，他很信服這位諮商師的專業，說人家是旁觀者清，要我繼續跟著這位老師。再過了半年，我的心境才有些改變，覺得那位諮商師說的，多少有些道理。」

陳小姐深呼吸一口氣，很慢很仔細地說：「所以，老師請妳慢慢來，不要貪快，我們不急。」

這很重要，我跟妹妹說要找妳教她英文，妹妹沒有拒絕，這就是很大的進步了。她曾經很抗拒我們再給她請老師。一堂課，兩小時，妳也可以只上十個單字、一、兩個文法。」

我面有難色，心底有些反彈：家教不就是在短時間內，補足學校教育的不足，如今陳小姐卻要我「慢慢來」？再者，我一小時索取不低的價碼，只教十個單字、一、兩個文法，豈不是擺明了我在混水摸魚？說得更難聽一點，是來騙錢的？

陳小姐看出我臉上一連串的問號，她微笑著鼓勵我：「老師，我知道妳對這工作有自己的看法，也很重視小孩子的成績。可是，小孩的學習動機跟創意，是很珍貴的。妹妹上一次給家

教上課，已經是六年前的事了。我不想重蹈覆轍。只要能讓她保持興趣，不要排斥學習，我就很開心了。」

電梯門關上，樓層一級一級往下，我才後覺地想起一件事情。我跟陳小姐認識也有一年多了，從前，我們之間的往來很行禮如儀，對話總停留在日常的寒暄，最有感情的一句話是「再見」。改任妹妹的家教後，她卻欲罷不能地跟我聊了將近一個小時。

在陳小姐的堅持之下，第二次上課時，對我來說是非常新鮮的嘗試。我先花了十分鐘，和妹妹討論她的小說近況，之後，我再花十分鐘，發表我對於裡頭劇情走向的觀點。我很直率地指出部分情節的矛盾，不刻意討好我的小客戶。孩子們遠比我們所認知的更為敏感，他們能輕易偵測出妳對他的行為有無真心。

在我進入她房間的第二十一分鐘，我們才打開了英文講義。每進行一個段落，我就停下來，再回頭去講小說，不忘分享幾個我喜愛的作家，介紹他們的風格。偶爾，我會引入一個情節，往往是整部小說裡最刺激、懸疑的橋段，在真相就要水落石出時，我狠心地就此打住，再回頭複習方才教過的英文單字和文法。

不知不覺中，妹妹的眼睛停留在我身上的時間，從五分鐘、十分鐘，延長到半個小時，或者更久。有一次，我告訴她：「寫完這題，就可以下課了，時間到囉。」

妹妹訝異地抬起頭，看了掛在牆上的時鐘一眼：「啊，怎麼那麼快！」

聞言，我心頭一熱。看著妹妹時，百感交集。

她不會知曉，自己無心的一句話，帶給我多大的鼓舞。

我帶妹妹的時間不長，不過七、八個月，就是關鍵的大考。妹妹考出「中間偏好一點點」的分數，我有些內疚，認為妹妹可以更好的。

陳小姐反過來安慰我：「別只看結果，妹妹的英文可是從後段班進到中段班了。」

經陳小姐提醒，我才想起，對哦，若說進步的幅度，妹妹的表現真的很出色。

在那個時分，我想起姐姐，我千真萬確地想起她。在同樣的田徑場上，姐姐奔躍的速度絕對是全場最亮眼的，可是，妹妹抵達終點的姿勢是如此優雅，優雅到你不得不起身也為她喝采。

這對姊妹，各自以她們的方式，贏得了我的喜愛與敬重。也是在這個分秒，我初探教育的本質，

教育的存在，不是讓每個孩子都拿到很高的分數，教育是要讓每個孩子的天賦都能伸展到極限，並且尊重他最終的成果。

*

這是一位擔任專職家教近十五年的前輩給我的警言：「不要幻想妳可以在家教這一塊，實現多少教育的價值。認清真相吧！家教這職業的老闆是誰？妳以為是學生嗎？才不是，是家長。

縱然妳說，接受服務的對象是小孩，那又如何？小孩會給妳薪水嗎？並不會。既然如此，有權力決定服務內容的人，永遠是家長，讓家長滿意，永遠是第一順位，若家長和學生的想法有了衝突，還是家長優先。妳了不起就是做到減少對學生的影響和傷害。不要去挑戰家長的想法，他隨時可以叫妳走人，再找一個聽話的老師來教，事情只會變得更糟。」

但我會聽從她的指示，也必須聽從她的指示。

依照紀太太的想法去走，到底會得到怎樣的成果。

是以，面對紀太太的要求，我感到不安，她的做法跟陳小姐可說是徹底的相反。我不確定，

下一次上課，我跟紀小弟提及，從今天起，我們會有例行的小考。

他反應得很快：「是媽媽跟妳說的吧？」

我沒有否認，只是點頭。

紀小弟拍了自己的額頭一下：「又來了。」

見我沒有說話，他繼續發著牢騷：「靠，姐姐喜歡考試，不代表我可以啊。」

我皺了皺眉，他有些緊張，嘴巴動了動，似乎想解釋些什麼。

「你的興趣是什麼？」我無心追究，反而對他讀書以外的生活起了興致。

「打籃球。」

「你打得好嗎？」

「當然！只要和隔壁班三對三，我一定在名單上。不是我要自誇，我的籃球真的不錯，縱使打了一整天的球，我在家也會忍不住模擬運球的動作，就為了抓住球感，我媽跟我姐都說我瘋了。管她們去說，她們這種只在乎念書的人，才不懂運動的價值！」提到籃球，紀小弟宛如變色龍一般，不過一眨眼，上一秒黯淡、怨聲連連的可憐蟲即消失得無影無蹤了。

只見他雙眼發光，手腕隨著說話頻率而劇烈地擺動：「明天一早六點半，我也跟同學約好

了，要跟十三班的人打比賽，我好期待，據說他們班最強的也要來。」

「這麼早？」

「現在是暑假，到八、九點就太熱了。」

「你起得來嗎？」

「起得來啊，只要想到比賽，鬧鐘一響就起床了，完全不會賴床！」

我點點頭，終於理解怎麼姐姐頂著一身白皙的肌膚，弟弟卻曬得跟小黑炭似的。

「你把打球當興趣，還是之後會朝這個方向發展？」

光彩轉眼間從紀小弟的臉上消失了。

他轉過臉，左手托著自己的下巴，有氣無力地說道：「我跟媽媽說想考體院。媽媽說，體院畢業的，若沒有考上學校老師，就會餓死街頭。她說，我一定要認真讀書考上法律系。叔叔有一間法律事務所，但是叔叔沒有結婚，也沒有小孩。媽媽說，只要我考上法律系，拿到律師執照，叔叔一定會把那間事務所給我。」

「姐姐呢？為什麼不是把事務所給姐姐？」

「媽媽說，姐姐以後會結婚，事務所交給我，才不會變成外人的。」

我總算懂了，為什麼紀太太這麼堅持要讓兩姐弟的成績可以「並駕齊驅」。這背後，有一股更古老的力量，是文化、是結構，也是難以動搖的觀念。

時間不許我們再閒聊下去，我拿出考卷，「我們來考試吧。」

紀小弟發出不情願的哀鳴。

我有時候很厭惡自己必須扮演這樣的大人。

＊

紀小弟很聰明，他很快就看清事實，與其積極抵抗，不如採取沉默、消極不合作運動。他抄筆記，但他只是抄，沒有經過思考與整理。他應考，但只在考前半小時才準備，成績不理想，他就苦著臉，用力地為自己喊冤：「我有讀啊。」他並且指向講義上虛情假意的畫線、潦草且兵荒馬亂的註記。除了敷衍，還是敷衍。

我們之間的互動，就是沒有互動。單向的輸出，單向的敷衍。這樣的教學自然沒有好的成效，我知道我們在浪費時間，浪費他的，也浪費我的。

眼見兒子的成績毫無起色，紀太太緊張了起來，她打電話給我的次數越來越頻繁，通話時

　天賦

數越拉越長，訓誡也越來越嚴肅，不停地糾正我教法上的缺失。我最後被念得心生厭煩，懶得再與她爭論，索性一切按照她的意思去規劃，到了更最後，我簡直是跟著紀太太一起對紀小弟施壓。紀小弟對我的存在也越來越排斥，他看我的眼神一天比一天不友善，甚至把我視為母親的應聲蟲，紀太太邪惡的代理人。

我無法改變他的想法，因為我自己也開始有這樣的幻覺，偶爾，在我靜下心來冷靜思考時，會有一道聲音告訴我，妳越來越像紀太太了。

這個想法讓我噁心到想吐。

我想辭職，但這樣絕對會招致紀太太嚴正的抗議。這也是家教此一行業的忌諱，越是逼近考期，就越不能輕易辭職。

我祈禱著有誰來破壞這恐怖的平衡，徹底粉碎這三角關係的結構。

竟然是紀小弟做到了。

\*

事發前幾天，紀太太打電話給我，與我商量更換上課時段的事宜。

簡單來說，她打算把原本三點到五點的時段，挪到早上十點到十二點。理由是：「不這樣做，

弟弟每天從早上六點出去打球，就跟同學廝混到下午兩點多才回家。回到家，睡個午覺，等妳

來上課。一天二十四小時，他就這樣浪費了一大半！」

我很為難。一週七天，紀小弟最快樂的時刻，莫非在球場上的時光，紀太太竟堅持要把這

麼快樂的時刻，替換成我的家教課。

去上課那天，一上公車，我的眼皮就跳個不停，顯然不是個好預兆。下公車後，我慢慢地走，

我的心跳聲越來越大，耳朵也有點痛。一抵達紀家，紀太太對我的準時出現露出滿意的微笑，

她指了指紀小弟房間的門，說：「他今天心情有點不好，不肯吃早餐。」

我戰戰兢兢地轉開房門的握把，紀小弟坐在位置上，看起來很平靜，我以為他接受了紀太

太的安排。不，我大錯特錯。待我坐定，他把我當空氣，趴在桌子上，像條法國麵包，一動也

不動，任憑我怎麼喚他，他連瞧我一眼也不屑。眼見時間一分一秒地流逝，我無計可施，只得

步出門外。紀太太正在廚房準備晚餐，聽到我的報告，她隨手往圍裙一抹，怒氣沖沖地往紀小

弟的房間前進，沿途她腳下的拖鞋發出刺耳的噪音。

「你為什麼不上課？」

紀小弟還是趴在桌子上，毫無反應。

紀太太大步向前，用力擰轉兒子的耳朵：「你給我起來。」

紀小弟彈開身子，現在他站著，揉著自己發紅的耳朵，看著紀太太，更坦白一些，是「瞪」著自己的母親，眼中是赤裸裸的恨意。我很不想使用到這樣的詞彙，但那確實就是恨意，非常具體的恨意，難以用言語去柔焦、修飾。

「我要打球。」他堅定地說出自己的訴求。

「不可能，你要準備考試，基測要到了。」紀太太不做他想，一口回絕。

他們母子倆對峙著，我這個外人杵在角落裡，看著他們，感到滑稽。

紀小弟握著椅子，他的指骨泛白，不難想見他握得很用力。

我很同情那張椅子，它現在勢必承擔著很大的壓力。跟紀小弟一樣。

紀太太沒有發現兒子的異狀，尖聲命令：「趁著暑假，別人都在放鬆、偷懶的時候，好好地衝刺一下，等到開學模擬考，就可以領先別人了，這樣不是很好嗎？」

「為什麼我一定要領先別人？我難道不能跟他們一樣偷懶、放鬆嗎？」

「你就是這樣——」紀太太拉了個戲劇性的長音：「才會老是跟不上姐姐。姐姐準備考試時，

暑假第一天，就已經排好讀書的行程表了。之後，除了休館日，她每天七點半起床，和同學去圖書館排隊等劃位，讀到晚上九點半閉館的時候才回家。

紀太太悻悻然地用鼻子哼了一聲：「你呢？成天只會跟一群阿貓阿狗瞎晃。」

聞言，紀小弟激動地脹紅了臉，他重重推開椅子：「妳不可以這樣說我的朋友。」

「我有說錯嗎？姐姐的朋友都是班上前幾名，全是用功的好孩子。我已經忍受很久了，你每次帶回家的朋友，每一個看起來都像不良少年，那個姓江的，才國中染什麼頭髮，還有那個李什麼的，名字我忘了，他為什麼要穿耳環？他媽媽是沒在管嗎？你怎麼不跟姐姐一樣，交幾個正經的朋友？」

紀小弟沒有反應。

他站在那裡，雙手直直放下，我以為他放棄抵抗了。

他開始喃喃自語：「我受夠了……我真的受夠了……」

「你到底在碎碎念什麼？」

下一秒，紀小弟對著紀太太大吼：「我說我受夠了！開口、閉口都是姐姐，如果妳那麼愛

姐姐，當初幹嘛生我？生姐姐就好了啊。我好恨，為什麼我是妳的小孩，是紀茹芯的弟弟。」

紀太太愣住了，她看著自己的兒子，眼睛瞪得跟牛眼一樣大。

現在，紀小弟徹底控制住場面了。

「我有說錯嗎？是我拜託妳把我生下來的嗎？幹，我真的快被妳搞到起肖了。我都跟我朋友說，我有個瘋子媽媽，自以為找了個家教，就可以把我變成第二個紀茹芯。我恨妳，我恨紀茹芯，我知道，妳們都覺得自己很聰明，都把我當白癡。對，我就是永遠沒辦法跟紀茹芯一樣聰明，妳醒醒吧，妳就是生了一個頭腦簡單、四肢發達的兒子！」

紀小弟看了我一眼，又看向紀太太，居然笑了：「妳那麼愛上課，那妳自己來跟吳老師上課啊，妳自己要發神經可以，我才不要陪妳們一起發神經！」

紀小弟，像顆子彈噴射出去，在與紀太太錯身時，他沒有猶豫，伸出手來推開自己的母親，參考書

他毫無收斂、使出全力。紀太太跌坐在書桌旁邊那張平日用來堆放參考書的小板凳上，參考書跟著散落一地。

血色從紀太太的臉上褪得一乾二淨，她蒼白得像是見了鬼。

鑰匙相互碰撞的聲音。

大門被狠狠甩上得轟然巨響。

之後，就沒有聲音了。

房間一下子變得好安靜，安靜到有些嚇人。

紀太太她背對著我，從後方看過去，她瘦小的身影又縮短了不少。

她說話的時候沒有轉過身來，依然背對著我。

「老師，不好意思，今天就麻煩妳先回去了……」

幾秒鐘後，她又加上一句：「薪水的事不用擔心，我還是會給的。」

我掙扎了老半天，想安慰紀太太，但立場卻也很矛盾。

我一直以為，眼前的這一切實際發生時，我會很開心。但是，注視著紀太太的背影，這麼

久以來，我對她的怨懟及不諒解，如煙消雲散。

＊

我編織了一個藉口，告訴紀太太，我沒辦法再教了。

　　　　　　　　　　天賦

因為懦弱，我是用電話表達的。電話的另一端，紀太太安靜了幾秒鐘，似乎在想些什麼，我聽見她發出幾個無意義的單音，停頓一下，才說道：「那我知道了，謝謝老師過去帶弟弟的苦心。很遺憾，妳沒有帶到考試結束。」

她的聲音四平八穩，沒有情緒，也沒有感情。

我感到有些悲涼。

剎那之間，一股衝動攫住了我，在我意識到時，話語早已從我的舌尖竄了出去：「阿姨，我覺得，弟弟跟姐姐的天分，是在不同的領域。一直用姐姐的標準來要求弟弟，對弟弟來說……」，我斟酌說話的輕重：「會不會有些太吃重了？」

「所以，老師是在暗示說，我教弟弟的方式有錯嘍？」

「我沒有這個意思。」我在心底痛斥自己的多嘴，偏偏路已經開了，只得走下去：「我只是覺得很可惜，弟弟也很優秀，他在體育方面很傑出，同學們也很崇拜、仰重他在籃球的造詣，既然如此，那我們可不可以停止用『學業成績』的框架去束縛他？」

紀太太安靜了好半晌。

我以為我成功地說服了她。

等她再度開口時，語氣是驚人的冷淡，彷彿她正在忍耐對我破口大罵的衝動：「老師，孩子是我的，不是妳的。我才是紀培豐的媽媽，他的未來，不管是一帆風順，或者窮途潦倒，我才是真正承擔這一切的人。老師，妳沒有小孩，妳不會知道，小孩出生之後，父母就得為小孩的一切作為負責，這負責的程度永無止境，是妳無法想像的……」

紀太太頓了頓，再度開口，這回她的聲音多了些溫度：「做父母的我們，每天都在提心吊膽，昨天為小孩粗魯的舉止給人道歉，今天又可能因小孩的成就而得到他人的讚美。父母的成敗，總是跟小孩綁在一起。若是放任紀培豐按照自己的興趣走，給他念體院，等到將來沒有找到正式的職缺，誰才是真正要去承擔的人？老師，那人會是妳嗎？不是吧？」

我說不出話來，巴不得挖個坑，把自己埋進去。紀太太說得沒錯，我是局外人。

紀太太明明可以趁勝追擊的，但她並不，相反地，她的語調在瞬間變得非常委屈，像在問我，也像在自問：「既然如此，我在紀培豐迷失之前，把他領導到正確的方向，又有什麼錯？老師，妳覺得我是錯的，但是妳自己不也拿了很漂亮的學歷，所以我才願意給妳這麼優渥的薪水，我希望小孩子可以像妳一樣，賺錢的方式比別人輕鬆，少吃一點苦，可以舒適地坐在冷氣房裡，

而不是頂著烈日去工作，這樣子的念頭，有錯嗎？」

我嚥了一下口水，太無懈可擊的演說了。

若時光可以倒轉，或者在那逼人窒息的分秒之間，有誰給我送一些空氣，我可能有辦法分神去想，這樣的對話，她獨自排演了多久？對於自己的作風，她是否也掙扎過？我幾乎忘了我和紀太太是怎麼結束掉如此不愉快的對話，我們有和對方說再見嗎？紀太太可有再多說些什麼？我全忘了。只記得掛斷電話時，我手麻腳麻，有一段時間，甚至感覺不到自己聲帶的存在。

對於自己的躁進和自以為是，羞恥感像是海浪似的，一波一波地冲刷著我的身體。

我怎麼可以自大地以為紀太太不愛她的兒子。

紀小弟之前打籃球傷到了脊椎，紀太太怕有後遺症，趕緊為他換了一張近十萬元的床墊。然而紀太太本人，舉日素著一張臉，穿的衣服看來看去就那幾套。她似乎不曾想過要把錢花在自己身上，成天繞著兒女的需求打轉。

每一次，她抱著話筒焦急地與我商討新的讀書方式、新的時間規劃、新的進度調整，我只

介意著她佔用了我多少時間，未曾思量過她必定也是很有耐心地觀察了很長一陣子，在心底預演了幾次，嘗試研擬出可能最適合她兒子的學習途徑。

每一次，她看著紀小弟抱著球就消失得不見人影，她坐在家裡等待，時鐘的指針無情地往前，她知道打球的兒子是最快樂的，但她不能確定，這樣的快樂可以維續多久……她知道讀書對兒子是痛苦的折磨，但這或許是在台灣最容易的生存之道。

紀家的電視櫃上，放著一張全家福，是四年前在東京迪士尼照的，紀茹芯、紀培豐分別從左右抱著紀太太，他們笑得很燦爛，那時，沒人懷疑他們愛著彼此。

天賦

# 衣櫃中的小劇場。

除了太漂亮之外，他還是那種老師愛死了的標準小孩。

說來好笑，在我結束和賈寶玉之間的師生關係後，我們才真正好了起來。

基測前半年，賈寶玉的母親在人力銀行上看到我的履歷，親自打了一通電話，口吻溫柔有禮，她說：「我的兒子很聰明，課業成績也很理想，師長都誇獎他是一個自動自發的好孩子。

我這做母親的，其實也有點懷疑，有沒有必要再給他請一個家教，只是，他自己看到同學一個跟著一個去蹲補習班，心底多少有點恐慌吧，要我給他請個老師督促他。」

女人的聲音隱隱有些得意：「老師，我這兒子真的很聰明，從小到大沒給我添過什麼麻煩，他不會讓妳操心的，妳只要依照妳平常的習慣去教就好了。」

我很快地點頭了，很少有老師討厭教聰明的小孩。理由很簡單，聰明的小孩一點就透，教起來很省力。賈寶玉很聰明，一個星期一堂課，兩小時，這樣就很夠了。

初次見面，我在心底讚嘆，他可能是我這輩子見過最美麗的男孩。明眸皓齒，鵝蛋臉，櫻桃小嘴，我最嫉妒的是他的睫毛，又長又翹，簡直逼死一堆女人。賈寶玉眨眼時，從四十五度看下去，如娃娃般精緻動人。賈寶玉的父母長相並不特別出色，賈寶玉卻得天獨厚，各自取來

父母長得最好的一段，成就了他絕美的外表。時常，我跟他講課到一半，不由得出了神，他太美麗了，我不得不問：「有人說過，你長得很好看嗎？」

賈寶玉皺眉，有些彆扭地說：「我們班男生都叫我賈寶玉，他們說我皮膚太白，嘴巴又太紅，身邊又時常圍繞著一堆女生。」

「女生圍繞著你做什麼？把你當姐妹淘嗎？」

「不，她們都喜歡我，要我選其中一個做女朋友。」

「那你怎麼不選其中一個做女朋友？」

賈寶玉的臉閃過一抹陰霾。

「誰叫她們長得太醜了。」他說。

我點點頭，心有戚戚焉，的確，站在賈寶玉的旁邊，多少女生要自慚形穢啊。

除了太漂亮之外，賈寶玉還是那種老師愛死了的標準小孩。你話語一落，他就低頭猛抄筆記，彷彿老師的每一句話都分量十足，完全滿足身為人師的虛榮感。該發問的時候他張嘴，不該發問的時候他閉嘴。除了學術上的交流以外，我們很少對話，賈寶玉是個寡言的人，我們的課堂被滿滿的「重點補充」、「必考文法」給塞滿了。

偶爾，非常偶爾，像是餃子破了皮，露出一些餡兒似的，賈寶玉會透露一丁點他的生活。

戲碼大同小異，不外是賈寶玉今天又如何地在班上給人欺負了、排擠了。

「他們說你什麼？」

「說我是娘娘腔，死 gay 砲，成天跟女生膩在一塊。」

「你會反駁嗎？」

「我該怎麼反駁？讓自己的行為像個男生嗎？不，我做不到，我試過了。」

賈寶玉敘述時，語氣不疾不徐，從容得彷彿在說別人的事。

我想說出這些一定很痛，痛得他必須偽裝成彷彿是別人的事，不是他的。

*

賈寶玉理所當然地考上明星高中，我在火車站附近一間簡餐店請賈寶玉吃飯。

服務生把飯菜上齊了，賈寶玉卻沒有動筷子，我催促他，他卻突然抬頭：「我有一個想了很久的問題。但妳得先答應我，在我問了這個問題之後，妳不能討厭我。」

我未作多想，只是點頭：「三八欸，想問就問啊！」

賈寶玉若有所思地看著我的臉。

過了好一陣子，他才謹慎地開了口……「我好像喜歡男生。」

我鬆了一口氣……「那又怎樣？」

教賈寶玉的時候，我二十一歲，在大學早已交了一大票的彩虹姐妹。

對於我的無動於衷，賈寶玉顯得很雀躍，但他勉強按捺了下去……「老實說，每一次我進入男廁，看到其他同學尿尿的姿勢，我會有一種奇怪的衝動。我忍不住幻想，色情小說的情節發生在我身上。有哪個男生會衝過來……對我做『那些事』。我偶爾會跟隔壁班一位同學對到眼，當我們四目相交時，我會在心底期待他抱一下我。我這樣子，是正常人嗎？」

我放下筷子。

賈寶玉的問題觸碰到兩個關鍵。比起同性戀，有更棘手的問題。我們總是很難要求大人去相信，孩子也懂「感情」，甚至，孩子是有性欲的。賈寶玉十五歲，夠大了。我告訴他……「你是正常的。再說，性不是什麼骯髒的事，擁有性欲也是很自然的現象。」

賈寶玉點了點頭，像是放下心中一塊大石頭。我們拿起餐具，開始用餐。之後的話題，多半是討論賈寶玉對於高中的願景，他看起來又恢復了過往的從容。

賈寶玉上了高中後，沒再聯絡我。我不由得去想，他選在那天問我那些事情，是不是看準了那是我們最後一次接觸。為此我有些落寞，但這也是家教一職的常態，每年九月，學生進入新的人生階段，我們同時得學習如何自他的生命中優雅地退場。

幾個月後，賈寶玉傳訊息給我：「老師，我交女友了。」

「你喜歡她嗎？」

「不喜歡，跟她交往越久就越不舒服。每一次，她對我伸出手，希望我牽她，或者她的臉頰湊過來，渴望我吻她，我都不禁反感得快要吐出來。」

「那你為什麼要跟她交往？」我有些生氣。

「我晚點打給妳，會打擾到老師的行程嗎？」

「我今天上課到九點，你九點半再打。」

「好的。」

晚上，賈寶玉打過來，時間一分不差。我猜，他想必是一邊握著手機，一邊注視著時鐘，心急如焚地等待。

「我媽發現我在書房裡的雜誌了，裡面有一些……哎，我直接說好了，是一些裸男抱在一起的照片啦。我媽平常就會會翻我的房間，但那天翻得很仔細，連床底下都不放過。她看到那些雜誌，當場崩潰了，說我很噁心。晚上立即召開一場家庭會議，找來我爸、阿嬤，三個人輪流逼問我：『我是不是同性戀？』我本來想承認，可是聽到媽媽說：『我上輩子又沒做什麼壞事，怎麼可能會生出同性戀？』我又縮了回去，跟他們說，只是好奇，不是真的。」

「這明明就是真的。」

「我知道。」賈寶玉的語氣帶著埋怨，埋怨我的直接。

「對不起，我錯了，你繼續講。」

「那一天過後，我媽很疑神疑鬼，成天緊張兮兮。她跑去創了一個臉書帳號，只為了看我的動態。日常生活也不斷警告我：『媽媽這麼愛你，對你這麼好，你千萬不可以去當同性戀，傷媽媽的心。』我被搞得很煩，根本不想理她，每天回家就躲進房間。我媽很聰明，改叫我爸來試探我：『升上高中了，怎麼還不找一個女朋友？我們都很期待你第一個女友。你不用害羞，有了就帶回來給我們看看。』我爸跟我媽不一樣，他個性很溫和，對我很好，他是那種會坐下來好好跟你說的人。換我爸接手之後，天啊我變得更煩了，我可以躲我媽，可是我不想躲我爸，

我爸是好人，我不想讓他為難。剛好那一陣子……」賈寶玉頓了一下，有些猶豫，接下來的話似乎令他有些難為情。

「怎樣？」我有些緊張，叫賈寶玉別再賣關子。

「剛好那一陣子，有個學姐跟我告白，我看她也不討厭，就跟她交往了，還刻意在臉書上設定『穩定交往中』，我媽看到很滿意，整個人神清氣爽，還叮嚀我要好好照顧人家。」

「也就是說……」我斟酌著遣詞用字：「你拿學姐當擋箭牌？」

「妳要這樣說的話，我也無能為力。」賈寶玉的聲音很沮喪，像是從低谷傳來似的……「可是，老師，我好痛苦，每次學姐把身體貼上來，我全身都很僵硬。」

「你女友沒有發現你的反應很不自然嗎？」

「之前有，可是我騙她：『我想珍惜妳，我們的進展可以慢一點』，學姐暫時是相信了。不過坦白說，我不確定我還可以演多久？哎，這幾天，想學姐的事情想得都快精神分裂了。」

電話的另一端，賈寶玉重重地嘆了口氣。

我握著手機，往後躺在床上，看著天花板，腦中一片空白，不曉得該從何協助。也或許賈寶玉早已明白我什麼忙也幫不上，他告訴我，只是想讓這件事情的重量多一個人分擔。

掛斷電話後，我起身翻找賈寶玉的臉書，「穩定交往中」的淡灰色字眼不很醒目，倒是賈寶玉的大頭貼，小小的格子裡，是賈寶玉與一個長髮女孩的合照，他們肩挨著肩，感覺很是親暱，賈寶玉的笑容有些不自然，女生的笑容則是很靦腆。

我覺得有些不舒服，飛快關掉了賈寶玉臉書的頁面。

*

之後的日子裡，賈寶玉一個禮拜會傳兩、三次的訊息給我。內容很固定，都是他和學姐之間的互動。賈寶玉正在談一場很煎熬的感情，他不喜歡對方，可是他答應要跟對方在一起，賈寶玉感受到自己對學姐有一種無以名之的責任，某種程度上，他相信自己必須去回應學姐的情感。在學姐期盼的目光下，賈寶玉不得不跟對方擁抱、接吻。

他們的進展越深，賈寶玉就越不安，他很痛苦。在文字無法承載的狀況下，賈寶玉會放棄傳簡訊，直接打電話給我，說到最後往往是以他小聲的哽咽作結，賈寶玉向來是個纖細敏感的小孩，他討厭假的事物，跟學姐在一起，他第一次如此討厭自己，覺得自己是個騙子，對不起學姐，但他又需要一位「女朋友」好跟父母交差。

賈寶玉不是個習慣和他人分享心事的人，他找我傾訴，而我不過是他相處半年的家教老師，表示他找不到更好的人選了，其他人都太靠近他的真實生活，我的距離夠遠，只能聽，什麼也不能做，這是賈寶玉最需要的，一個聆聽而不介入的角色。

底下附贈一個笑臉。

半年多過去了，賈寶玉傳來一封訊息：「我跟學姐分手了。」

我可以看出他的意思，他不想要多加討論這件事情。我回傳一封簡訊：「恭喜。」

賈寶玉做事很嚴謹，前後具有高度一致性。他選擇用簡訊的方式報告，而不是親自打電話，

「學姐抱怨說：『你太奇怪了，不像是一般的男生』，主動跟我提了分手。我故意在我媽面前，裝作一副憂鬱、深陷情傷的樣貌。我媽姑且是信了。她大概有很長一段時間，不會再開口講女朋友的事情。這樣很好，我交過一任女友，我證明過了。此時此刻，我的內心一片平靜，我已經好久沒有這麼輕鬆了。老師，謝謝妳，這幾個月好痛苦，謝謝妳的陪伴。」

這是賈寶玉給我的最後一封簡訊。

我很清楚，他不會再跟我聯絡了。他想要完全放下跟學姐的事。

我倒是很常想起那張合照，想起畫面中那個笑得很甜的女生。

偶爾，我會幻想，會不會有一天，我在街頭與賈寶玉不期而遇呢？那時，他身邊可能牽著一個男生，也可能是一個女生，都好，在我的幻想中，賈寶玉很愛那個人。

# 怪獸

## 都聚在一起了。

第 8 個家

「在我對班級重拾歸屬感時，母親又急著把我給毀了。」

## 【少年說】

我恨我的父母。

幹嘛用那種眼神看我？不是在開玩笑，我很認真的。

這麼多年下來，我認清了一個道理：我父母是毀掉小孩子的天才，他們生出我，再用盡手段毀掉我。老師，我知道妳心底在想什麼，妳八成是在盤算：「又是一個住在豪宅裡，有錢人家小屁孩的無病呻吟」，至少妳的眼神是這樣說的。

事情才沒有這麼單純！

我花了這麼久的時間，去認清一件事，「我這個人」與「我的父母」只能擇一存在。別緊張，我這麼說並不表示我會衝去廚房拿刀砍我的父母，相反地，我很清楚，以社會的觀點而言，我父母的存在價值比我可觀許多，該被消滅的角色是我。但是，我不敢死……老師妳看過鬼嗎？

雖然很害怕，但我想要親眼見證鬼的存在，想要有誰很堅定地告訴我，人死後，是以另一種形式持續存在。這樣一來，我或許能乾脆一點地結束自己的生命了。

好，我要認真說我的故事了，請給我很多的耐心，一旦妳的表情不是我所預期的，故事就

你的孩子不是你的孩子

206

終止了，妳別想再從我的口中得到半句話。不要覺得我是個怪人，我很久沒有跟人好好說話了，

事實上，我快喪失「和現實生活的人」溝通的技巧了。今日，會想跟妳坦承這些，或許是基於

對老師的一些些信賴，也可能是因為這些事一直累積，已經到了不跟誰說就會爆炸的地步。

老師，妳準備好了嗎？

*

在「那件事」發生之前，我很樂觀地相信，我是個再幸福不過的小孩。

自我有印象起，母親在我就讀的國小，至少擔任過導護媽媽、愛心媽媽以及故事媽媽等等，

名稱我不太確定，反正就是上下學時段維持交通秩序，每個禮拜有一天會來教室給同學們說故

事，或者學校舉辦活動時前來支援的角色。

最初，我很開心，可以在上學時間看見媽媽，帶給我宛如生活在家中的安全感。母親結束

工作後，會很自然地造訪我的教室，找我說話。最讓大家羨慕的是，媽媽不會空手前來，她手

上時常拎著幾包小餅乾，叮嚀我發送給同學。段考前後的日子，母親更大方地訂麥當勞請全班

吃，同學們好喜歡媽媽，我也是。

怪獸都聚在一起了

我對媽媽的愛，在小六那年的運動會達到了顛峰。

那一年的運動會，對於我們全班有特殊的意義。上一屆運動會，全校跑最快的風紀股長在倒數衝刺時摔了重重的一跤，我們班從第一名掉到第四名。台上頒獎的時候，我們班在台下哭成一團，風紀股長更是不計形象地哭得滿臉鼻涕跟眼淚。

因此，六年級的運動會，我們承載著非贏不可的壓力。不僅賽前的訓練做得非常紮實，放學後自願留下來練習的人數也十分踴躍。班導說：我們一定要在今年大隊接力的項目奪冠，給國小生活畫下沒有遺憾的句點。聽到這句激勵之言，有不少人紅了眼眶，包括我在內。

運動會一早，學生家長的捐贈如洪水般地湧入班級。有一整箱的運動飲料、堆得像是小山的零嘴和餅乾，也有家長扛了兩鍋自己煮的綠豆湯和炒麵過來。

十一點多，頂著烈日，我們不負眾望，把其他班的選手甩在身後，得到了冠軍，頒獎時全班抱在一起，又哭成一團。我們一路歡呼地回到教室，一踏進門內，大家一個接著一個發出驚嘆聲，只見講台上擺滿了一袋袋的披薩、炸雞和薯條。分量很充裕，絕對不會有分配不足的問題，這點我很有把握，母親是個細心的人，她在做事之前，會把所有可能的後果都考慮在內。

同學們興奮地拆開紙盒，大口大口地吃了起來。

媽媽只說了一句：「不好意思，先借一下麥克風」也不問生物老師的意願，便把麥克風從對方手上接了過來，她的手中握著一張黃色紙條，母親清晰地念出和我玩耍的同學姓名。

我從背脊涼了起來，這才意會到，前一天我說話時，媽媽忙碌的右手究竟在記錄些什麼。

說來有些悲哀，由於母親勤跑我的教室，對我的班上同學瞭若指掌，她知道每個名字和對應的長相，有些人呆坐在椅子上，不敢抬頭，失去耐心的母親衝去他們的位置，把他們一個一個揪了出來，說：「你們全部給我出去，我們到外面談。」

為了不干擾其他學生上課，所有人集合在離教室不遠的司令台上。

有些人一臉驚惶失措，瞪著眼，嘴巴微張。

有些人埋怨地看著我，

我很不想站在我媽旁邊，我怕別人誤會我們是同一國的。

班導正在走廊盡頭的教室上課，一接到消息，便放下正在進行的課程，邁開步伐跑了過來。

當她看見一團嚇壞的學生，和被母親架在身後的我，她的五官扭曲成一種很奇異的模樣。

母親明確地下了指令，要班導聯絡那些同學的家長。

「這些人的父母必須到校，釐清事情始末，談論後續的賠償事宜。」

班導愣了一下，母親不耐煩地催促：「老師，妳還站在這裡做什麼？」班導看著母親以及母親背後的我一眼，又回頭去看其他學生，像是下定了什麼決心似的，她走進了教師休息室。

一小時內，所有人的家長陸陸續續地抵達了。與其說是家長，不如說是母親更貼切，裡頭沒有一位父親。那群母親看著冷汗直流的小孩，以及表情凝重的班導，不禁也變了臉色。她們焦急地問道：「我的小孩怎麼了？」「為什麼他得在這裡罰站？」

接下來的幾分鐘，母親一個人把那七、八位母親狠狠地羞辱了一頓。

「你們這些家長，平常根本沒有盡到為人父母的教育責任。和同學玩鬧時必須控制力道，否則很可能會害別人受傷，這不是很基礎的教養嗎？你們卻疏於管教，導致昨天發生了這麼嚴重的意外。今天一早，我帶我兒子去醫院做了檢查，醫生說有輕微腦震盪，必須追蹤觀察三天至一個禮拜。這幾天的醫藥費、看診費以及我和我兒子的精神創傷，你們全體必須賠償！」

所有母親中，就數李亦傑的母親表情最難看。李亦傑家裡是低收入戶，班導允許他可以打包每天的營養午餐。運動會剩餘的食物跟飲料，也是由他帶回家。

「你們這些失職的父母，教養出一堆出手不知輕重的小孩，最後受害的反倒是我的兒子。

我在乎的不是錢，而是你們那種無關緊要的態度。」

母親看向瑟縮在一旁的班導：「妳也有錯，不，認真說起來，錯的最嚴重的人是妳。學生們年紀輕，玩耍不知道力道，讓同學受傷了，情有可原。妳為人師表，學生遊戲時沒有盡到看管的義務也就算了，等到學生實際受傷了，還糊塗得不知道提醒家長。做老師的，妳不難為情嗎？要不是漢偉在家裡吐了，我可能還被蒙在鼓裡，毫不知情！」

平常總是充滿朝氣的班導，像個孩子一樣，侷促不安，扭著雙手，靜靜挨罵。

「我把我的小孩子送來學校，是為了接受教育，我兒子回到家卻吐得不成人形，剛剛醫生說我兒子可能有腦震盪，妳叫我怎麼辦？我兒子是全校前幾名，他的腦袋若出了什麼毛病，妳拿什麼來賠我？妳去哪裡給我找一個健康無虞的小孩？」

班導的頭一低再低，肩膀抖了起來，很明顯地，她在哭。幾名學生見到老師哭了，也先後跟進，撲簌簌地按捺不住，跳出來說道：「漢偉媽媽，妳的兒子撞到頭，大家都很遺憾，我們也有賠償的誠意，沒有要逃避的意思。只是我希望妳可以稍微控管一下妳的情緒，讓我們理性地討論這件事情。妳怪我們，我們沒有話說，的確我們做家長的在管教上有了鬆懈。但妳把

一位家長再也按捺不住，跳出來說道：「漢偉媽媽，妳的兒子撞到頭，大家都很遺憾，我們也有賠償的誠意，沒有要逃避的意思。只是我希望妳可以稍微控管一下妳的情緒，讓我們理性地討論這件事情。妳怪我們，我們沒有話說，的確我們做家長的在管教上有了鬆懈。但妳把

矛頭指向老師，未免有些逼人太甚。全班有將近四十個學生，當時又是下課時間，妳要導師一個人去監督全班四十人的動態，豈不是強人所難嗎？」

說話的人，是陳力成的母親。

母親冷笑一聲，以不友善的眼光上下打量著陳力成的母親：「今天撞到頭的人要是妳兒子，我不信妳還能站在這裡說風涼話。妳是陳力成的媽媽吧？在糾正我之前，妳要不要先好好看一下妳自己的兒子？我沒記錯的話，妳兒子的課業成績好像是倒數的，據說還有些過動的傾向。

知道自己的小孩有過動，不把小孩送去特教班，堅持要留在普通班接受正常教育，這種想法非常自私，說不定……是妳兒子把我兒子摔到牆壁上的，妳要負擔大部分的賠償責任嗎？」

陳立成的媽媽閉上了嘴巴，不敢再講一個字。其他家長見狀，也跟著噤若寒蟬。

母親的嘴角露出勝利的笑容。

我發誓，我沒有說謊，在那時候，我母親的確露出勝利的笑容。

母親神氣地把我帶離了司令台，我們走到車子旁，母親微微屈低了膝蓋，視線與我對齊。

我之後長到了一百七十八公分，但小六的我是個不到一百五十公分的矮子。

媽媽笑吟吟地對我說：「不要害怕，無論你長到多大，媽媽會保護你的。」

聽到這句話，宛如在冬天被扔進游泳池中，全身冰涼。

自那天起，我在學校的日子變得更難過了。我穿過人群時，可以聽見那些細碎的字句：「欸，他就是那個……」「對，聽說他媽媽很……」「所以是他讓班導……」

待距離拉近，人潮隨即就地解散，其中有些人會回首看我一眼，掩嘴嘻嘻笑了起來。看似未完成的語句，其實已經很完整了。我說過了，小孩子很擅長毫不修飾地傳達惡意。

我期待已久的畢業旅行泡湯了，沒人願意跟我一組、睡同一間房。為了不給班導增添困擾，我在調查欄上勾選了「不參加」，班導沒有多問，冷冷地收過我的單子。

我跟母親說，畢業旅行太浪費時間了，寧願待在家裡讀書，母親不疑有他，爽快地答應了。

我以優異的成績自國小畢業，我上台領獎時可以清晰地辨識到，來自我的班級的方向，射過來大量充滿咒罵的視線。我給自己打氣：不要在意，升上國中後，我就可以甩掉這段過去了。

以上是母親第一次毀掉我的故事。

會這麼說，無非是有第二次以及第三次。

老師，妳知道小孩子最怕什麼嗎？

小孩子最恐懼的事情，很好懂的，那就是：跟別人不一樣啊。

＊

以下是我進入國中生活的部分。

在我念幼稚園時，舉家從台北搬回台中。父母之所以挑中了目前我們所居住的地址，有很大一部分的原因是為了學區。我家方圓五公里內，有一所升學率很好的明星國中，和一所聲譽不錯的高中。小學畢業後，依照編制，我進入那所明星國中就讀。

註冊日，我看見陳力成跟李亦傑以及他們的母親。陳力成的視線與我的在空中交會，我趕快別過了頭，祈禱他不要發現到我的存在。

母親心情很好，這所國中的設備很新穎，師資又整齊，她滿意地帶著我逛校園，左右張望。

母親沒有注意到我發白的臉與顫抖的肩，我的雙手逐漸濕潤，流滿了手汗。

不敢在家裡洗澡，只好趁放學時使用殘障廁所的冷水擦一下身體，至於泛黃的衣服鞋襪，是因為她只有一套制服，母親沒有外出工作，家中經濟只能仰賴叔叔打零工的錢。

除去身上的異味，女神長得很清秀，我有時看著她，心裡會有奇妙的感覺。

女神說，這世界上沒有人需要她。

我急忙糾正她，至少我個人非常需要她。我沒有說謊。

我交給女神幾千塊，也從家裡倒了一小瓶專櫃品牌的沐浴乳給她。我叫女神多買一些衣服鞋襪，換下來的就交給學校附近的洗衣店處理。

父親一個禮拜只給我一千元的零用錢，為了拯救女神，我從爸爸的書房拿了好幾張千元大鈔，我爸是做生意的，他辦公的抽屜裡放著好幾疊千元大鈔，抽走幾張不算什麼。

回到家之後，我把自己鎖在房間裡，打電話給女神。我們一聊就是三、四個小時，女神時常被我逗得哈哈大笑。不能聯絡的時候，就改傳簡訊。我不是個擅長寫作的人，不知怎地，每次寫給女神的簡訊，往往甜蜜得連我自己也感動不已。

我的排名一落千丈，我不以為意，女神是我新的生存意義，我需要她，她是世界上最需要我的人，我不能沒有她。

聖誕節那天，我向她告白，女神點頭了。

那一秒，我覺得我好幸福，我可以拋下所有的不愉快，只為了她而活。

我們之間的肉體接觸也以驚人的速度在推進，交往兩個月後，女神主動把我的手塞進她的制服裡，隔了幾天，在我的哀求之下，女神允許我隔著胸罩揉捏她的乳房。

寒假時，女神回外婆家住，不好講電話。我很想她。餐桌上，我吃著母親煮的咖哩，順手傳了一封簡訊：「好想妳，好想摸摸妳的臉跟妳的胸部……」

不到一分鐘，女神回傳了：「你那麼想我啊？」

「當然，想死妳了。」我一邊叉起盤子裡的牛肉塞進嘴裡，一邊敲打手機鍵盤。

「只要你這陣子乖一點，開學的時候，我可以考慮一下要不要幫你含一下棒棒。」

看到這封簡訊，我的耳根子脹紅，無法控制地勃起了。

母親走過來，問我要不要再一些湯，我搖搖頭，換了個坐姿，遮住我的褲襠。

「你在看什麼？怎麼笑得這麼開心？」母親問。

「沒什麼。」

千萬不能讓媽媽知道女神的存在，媽媽會再次毀掉我的幸福的。

哎——我的想法還是太天真了。

\*

洗澡時，我習慣把手機放在浴室外的置物櫃。

那天，我濕漉漉的從浴室裡走出來，找不到自己的手機，便小跑步回房間。父母已經站在房間裡等我了，父親雙手扠腰，母親則是滿臉陰鬱地立在父親的身側。

「你必須跟這個女生斷絕來往，不然我給你轉學。」父親說。

「不可能，她是我的女朋友。」

「這麼骯髒的女生，你被騙了，我問過老師了，這個女生是單親家庭，媽媽離婚沒幾個月又交了一個男朋友，這種背景的女生，思想一定不乾淨。你們不能在一起。」母親說。

「為了你好，這幾天手機先放在我這，等你想清楚了，再來找我拿。」狡猾的父親避掉了「沒收」這種字眼，裝出很大方的姿態。

走出房門時，母親轉過頭來，似乎想起了什麼，以一種很哀戚的聲調說著：「不要怨我們，做出這個決定，我們當父母的可是比你還要心痛啊，你不會懂我們有多擔心你。」

這種言論實在是裹著糖衣的暴力啊。

*

老師，不妨快轉到下一幕吧，反正妳老早就從我父母那邊得知了，我國中念了兩所學校。嗯，我父母給我轉學了。他們認為這是個一勞永逸的好方法，只要我和女神多一天保持接觸，他們也多一天不能心安。另外一個關鍵是，我快升上國三了，他們向來很在意我的成績。

我的父母不顧我的意願，給我辦了轉學。

如今回憶起來，仍讓我痛苦得想死。

那天，六點四十五分，我穿好制服、襪子，書包也收拾好了，坐在自己的床上，指針走向六點五十分時，我起身，下樓梯。一進到客廳，我的心中立即浮現不祥的預感，平常日子的六點五十分，客廳只會有父親一個人，母親先載兩個妹妹去學校了。那天的客廳，卻有父親與母親兩個人，他們坐在沙發上，一見到我，臉上同時露出一種複雜的神色。

「爸，我們走吧。」我故作鎮定地說道。

「從今天起，你不用去H校上課了。」父親說。

你的孩子不是你的孩子　　　224

「我們幫你轉學了，從今天起，你是Y校的學生了。」母親說。

我活像是誤入他人攝影棚的演員，對於場景的排列、陌生的情節感到手足無措。好長一段時間，我只能看看他們，口乾舌燥，嘴巴開闔了好幾次，吐不出半個字。

我的理智重新接上線後，說的第一句話是：「我要回H校上課。」

「你的學籍已經換到Y校了，縱然你進去H校，也會在警衛室被擋下來的。」母親說。

「你不再是H校的學生了。」父親說。

「在新的學校，忘掉那個女生，好好展開人生的新頁吧。」他們一起說。

我看著他們，他們的形象逐漸歪曲成兩隻怪獸。

我轉身，奔回自己的房間，美工刀安靜地躺在抽屜裡，散發淡淡的銀光。我拿起美工刀，劃破窗簾、枕頭、床單，但凡落入視線的布料，無一倖免，全被我割成條狀，美工刀最終落在自己的手腕上，我輕輕施力，血珠吐了出來，痛！痛死我了！我縮回了手，美工刀掉在地上。

對於自己「原來很怕死」，我感到極度的羞恥。

無法以割腕來明志的我，在大哭之後，只能懦弱地歹活下去了……

翌日，我站在Y校的校門前，流下眼淚。

父親拍拍我的肩膀：「你很乖，做得很好，在大考前更換新環境是一件很痛苦的事，你可以走過來的。記住，家人是永遠不會背叛你的，家人是永遠和你站在同一邊的人。」

我淚眼模糊地看著父親，在我眼中，他變得有點不像人類。

以走過來的。記住，家人是永遠不會背叛你的，家人是永遠和你站在同一邊的人。」

我的父母不知道跟女神說了什麼，女神不再接我的電話了。

話筒那端的回應始終只有：你的電話將轉接到語音信箱。

母親更換了我的手機號碼，我打給女神，想告訴她我新的手機號碼。我打了一百次、一千次，

去Y校後，我與女神徹底失聯了。

我成了Y校的紅人。

我拒絕任何一場考試。考卷一發下來，我立刻趴桌睡覺。國三的考試很多，考期越近，我睡覺的堂數一節節高升。導師氣得發抖，在全班面前羞辱我，要我罰站、跑操場、交互蹲跳，甚至拿藤條抽打我的手心。我像是個沒有感覺的人，不發一語，面無表情地接受老師的處置。

老師對我消極的態度很是感冒，他對我的體罰日益離譜。有一天，他很得意地站上講台，宣布最新的懲罰：「蔡漢偉沒救了，從今天起，我不管他了。你們也是，俗話說近朱者赤、近墨者黑，各位同學，最好跟這種人保持距離啊！」

起初，聽到老師的處置，我的心臟縮成一球。但幾秒鐘後，我已適應得很好。別害怕，我安慰自己，類似的事件，早在國小跟H校就已體驗過了，我這次也能駕輕就熟的。

導師不管我，我在Y校的日子過得很愜意，不是在睡覺就是在看漫畫。

好幾次，母親紅著眼睛問我：「你這孩子到底怎麼了？要怎麼做你才會重回正軌？」

「讓我跟她說到話，一句話也好，拜託妳……」這是我唯一的請求。

母親突然收起了淚水，口吻變得很差勁：「你想都別想！」

「只要讓我和她說到話，我就會念書了。」

我跟母親類似的對話，循環了好幾次。有一天，母親沒有回嘴，只是交給我一張紙條。

是女神的字跡，上頭寫著：「我交新男友了，對不起，你轉學之後我好孤單，很需要別人的陪伴。我對你很愧疚，不好意思見面說話，忘了我吧，這樣對我們都好。」

握著紙條，我低下頭，哭了起來。我沒有像父母所期待的重新振作起來，相反地，我過著

怪獸都聚在一起了

更自暴自棄的生活。考基測時，我掰了一下答案隨後趴桌睡覺，五科都是這樣。自收到紙條的

那天起，對於自己的人生，我一點也不在乎它的走向了。隨便你，都可以，成了我的口頭禪。

放榜的早晨，母親用電腦查詢，過了幾分鐘，她關上螢幕，沒有再說話。

我考上一所不怎麼樣的高中。

有一點倒是不吐不快，H校的畢業旅行辦在國三上，Y校的則是國二下。

延續國小的詛咒，我沒有參與到畢業旅行。

老師，妳可能覺得我是個很傻的人，只是一段感情，幹嘛把自己搞成這樣落魄？容我實話

實說吧，這樣理解是錯的，女神之於我，不僅是情感的伴侶，我愛她，有更大一部分的原因是，

她願意接納最醜陋的我。一般人在談戀愛時，無一不是絞盡腦汁想表現出自己最美好的一面，

我跟女神的相遇全然不是這樣一回事。我是班上避之唯恐不及的垃圾人物，女神身上瀰漫令人

介意的味道。我們能夠在那樣的前提下牽起對方的手，沒有誰的感情比我的更真實了。

※

好，我們休息一下。先謝謝老師妳這麼有耐心地聽到現在，以下的橋段，妳應該比較能上手了，因為，妳也出場了。升上高中之後，為了搶救我爛到谷底的課業，我的父母前後聘了兩位家教老師：妳跟顏老師。妳和顏老師有個共同特質：說話有趣，讓人忍不住想親近你們。在此，我得坦承，我很感謝你們兩位的參與，跟我的母親不同，你們很願意花時間聽我長篇大論。我原先很抗拒家教，幾個月下來，我反倒很期待你們每週兩次的到來。

我很懷念小學六年級之前的時光。

把成績拉上來，又能恢復國小風雲人物的日子。我聽了很心動，待在谷底久了，顏老師有看出來，

在妳與顏老師的協力下，半年內，我的校排名戲劇性地從一百八十幾跳到了前二十名，我的物理段考拿下兩次全校最高分，老師跟我說話的態度變得很友善，下課時段，來找我的人一天比一天多。許多同學拜託我教他們物理，我好得意。

顏老師說，我現在讀的這所高中，跟我從前的生活圈有段距離，沒人知道我的過去。只要

上學之於我，又成了一件可以期待的事情。

總是這樣，在我追求幸福的過程，我的父母也躲在我的背後虎視眈眈、覬覦我所擁有的一

切。於是，在我又能掛上微笑的瞬間，他們也展開行動了。

我高一英文被當了，那是老師妳負責的科目。

我告訴母親，三次段考，我都有及格哦。但我沒有說明的是，老師指定的小考、隨堂測驗以及作業，我全數沒有繳交。為什麼？因為懶吧。妳不能要求一個甫從深淵爬回來的小孩，立即準確且精實地重建自己的人生啊！不要生氣，妳也清楚我說的是實話吧。

老師，對不起，妳被母親給狠狠責備了一頓。這不是妳的錯，是我，是我漏想了這個環節，請了家教，就表示從此有人得為了我的學科成績負責。

「老師，我們花這麼多錢請妳，就是要妳看住他啊！怎麼會出這種紕漏呢？」

「妳居然忘記問他在學校的狀況，真是太大意了！」

「果然是年輕的老師，歷練不足，顏老師當了專職家教十幾年，可不會犯這樣的錯。」

聽著母親對妳的責備，我良心有些過意不去。明明是我的錯，母親卻不罵我，反而跑去怪罪一個星期頂多出現六小時的家教老師，這就是所謂的代罪羔羊吧。

「我們必須去學校一趟。」兩隻怪獸交頭接耳，下了指導棋。

你的孩子不是你的孩子

老師，我看著妳，心中升起憐憫，他們不會放過妳的。

「老師妳也跟著來吧，這孩子英文的學習狀況，妳最熟悉了。」母親換上親切的笑臉。

果然──我說的沒錯吧。

老師，很可惜妳看不見自己的反應，真是令人印象深刻。臉上雖寫著：「誰要去啊？」憑什麼我要去學校和老師對話？」「該怎麼拒絕才不會丟了這份工作？」但從唇齒間蹦出來的話語卻是：「好的，那我跟你們一起去學校吧。」

大人好虛偽，有人說小孩長大後會變成大人，我不能接受這樣的說辭。

我可不會放任自己成為像你們一樣的生物。

＊

英文課任老師姓葛。我們抵達教師休息室時，葛老師顯然已得到通知，她坐在沙發上，一臉嚴峻地看著我們，細軟的頭髮梳得很整齊，很符合她自律甚嚴的作風。

「老師，我需要一個交代，我兒子三次段考都有及格，我承認他平日是懶散了一點，但妳為什麼不能通融一下，給個六十分也好，非得當掉這個孩子呢？」

葛老師沒有立即回應，她站起身，從身後的櫃子取出一本很厚的藍色資料夾，她在註有「平常成績」的夾層裡取出了一張紙：「這是全班的平常成績，八次小考、十次作業。」

她纖長的手指落在一行醒目的空白：「這是蔡漢偉的日常成績，八次小考，十次作業。」

她纖長的手指落在一行醒目的空白：「這是蔡漢偉的日常成績。妳可以看一下其他同學的得分，只要有考試、按時繳交作業的，我的給分是很寬容的。」

我偷覷了一眼，大家都是八十分起跳，最低的也有七十五分。

不苟言笑的葛老師，在平常成績的項目給分這麼甜，我對她有些改觀了。

母親把那張紙接過來，專注地檢視，眉頭越鎖越緊。

葛老師的聲音不卑不亢：「我不是要故意為難妳的兒子，相反地，我是在幫他們，高中英文不好拿分，只以段考成績計分很容易打擊到小孩的自信，我盡量從平常分數來提升他們的總成績。可是，漢偉媽媽，蔡漢偉一次作業也沒有交，他自己不珍惜，我怎麼幫？」

母親轉過頭來，肩膀一帶的骨頭發出咔拉的聲響。

「為什麼不交英文作業？」

這下子，教師休息室內所有人的視線都聚集在我身上了。其他老師佯裝忙於手上的事務，

眼角餘光偷偷關注著沙發這裡的動向。我成了主角……這樣說似乎怪怪的，畢竟我從事件起始

就是主角了，好吧，修正一下我的說法，此刻，鎂光燈終於打在我這位主角身上。

糟糕，我有點興奮，這樣不對吧？

清一清喉嚨，我刻意以一種很吊兒郎當的口吻訴說：「我也不知道，我就是不想寫。」

我的回答得到絕佳的效果，母親的臉歪向一邊，嘴唇不停地顫抖。下一秒，她哭了出來。

當著所有老師的面，她把臉放進掌心，認真地哭了起來。見狀，我的臉也歪了，天啊，她是嫌

戲劇張力不足嗎？居然就這樣哭了欸。

「葛老師，妳也看到了，我的兒子這麼有主見！他一句『我就是不想』，我們做父母的，

難道能逼著他去考試，架著他去寫作業嗎？」母親把握鏡頭，繼續發揮她驚人的表演天分：「是

我們夫妻沒有用，管不動自家小孩。可不可以請妳再給他一次機會，才差兩分而已，只要妳幫

他加上兩分，他兩個學期的平均就過六十了，老師，我求妳了……」

葛老師臉色鐵青，母親這一招奇襲乍看之下奏效了。

我回過神來，津津有味地打量著眼前瞬息萬變的局面。

老師，那個時候，妳一定打從心底憎惡我那置身事外的態度吧。看起來很欠揍是嗎？只是，

妳不妨想一下，乍看之下，這是我的人生，但實際上操盤是那對合作無間的怪獸。

廢話就不多說了。

日子久了，我還會對自己的人生感興趣嗎？

葛老師不愧是教書近二十年的王牌老師，她沒有被母親騙上舞台，隨母親一同起舞，相反地，她很快鎮定下來，把掌心覆蓋在母親的手上，很慢、很沉地說：「成績已經送出去了，如今我也沒有更動的權力。漢偉媽媽，我可以理解妳此時此刻的心情。但是漢偉已經十七歲了，眼看著就要滿十八歲，他快成年了。在法律上，十八歲已經要負擔完全的刑事責任了。作為父母的，是否該放手讓孩子成長了呢？」

我幾乎要為葛老師喝采了，跟小六一下子被打爆的菜鳥導師不同，面對我媽凌厲的攻勢，葛老師不但成功抵禦，還做出了漂亮的反擊。

情勢逆轉，視線又落到我媽的手上了。她沒有說話，只是直直地瞪著葛老師。

葛老師要贏了嗎？老師，若妳曾經閃過這樣的念頭，哪怕是一秒，也是很不應該的。

可以毀掉自己小孩的怪獸，怎麼可能會輸呢？

「葛老師，我知道妳未婚，也沒小孩。我很期待，等妳有了小孩，妳會是怎麼教育他的？

妳自認妳會教出一個成功的小孩嗎？我非常想知道，今天，倘若是妳的小孩站在這裡，妳也會像現在這樣，堅持毀掉一個年輕人的未來和人生嗎？」

我不用看，也能想像，在場所有人，包括抬著耳朵偷聽的那些老師，全都臉色大變了。

葛老師抽開自己的手，身子往後退，眼眶迅速地脹紅。她的嘴巴開了又闔，像是魚在吐泡。

我給她教了一年，沒見過她這麼狼狽的德性。

等候多時的父親發聲了：「我們走吧，跟這種人說話沒有用。」

父親站起身，居高臨下地看了葛老師一眼，沒有說再見，大步地邁出教師休息室。

老師，我能原諒妳當時驚愕的呆樣，我跟妳說了好幾百次，我的父母在跟妳打交道時，總表現出一副他們很愛我的模樣，以及他們是多麼敦厚純樸的父母，那是假的，是表面。妳起初不肯相信，還質疑我不知感恩。俗話說，百聞不如一見，這次把老師牽扯進來很不好意思，但讓妳親眼見識一下這對夫妻的真面目，我想是很值得的經驗。

葛老師是很受學生愛戴的老師，她很嚴格，但她的嚴格有經過思考，學生可以感受到她背後的用心良苦。大家喜歡抱怨她，然而那些抱怨不失撒嬌的味道。

235　　　　　　　　　怪獸都聚在一起了

葛老師和母親的精彩對決幾日內傳遍了校園，這根本是腦震盪事件的翻版，我又被孤立了，前一天還在同我說笑的同學，看著我的眼光充滿了忌憚與猜疑。不同的是，大家好歹是高中生了，排擠的技巧昇華了，他們不會當面表露對我的鄙夷，但我聽到一些風聲，班上的靈魂人物在臉書上創了一個社團，叫作「媽寶蔡漢偉」，我賄賂其中一個社員，叫他把頁面開給我看，瀏覽了幾分鐘後我關上了，看太久有害身心健康。

縱使我有滿腹的牢騷，還是快轉一下吧，否則這故事的重疊程度未免太高了。

「媽寶蔡漢偉」社團建立約莫一個月，我認清這個班已無我的容身之處，得另尋出路了。

我開始和校內，一般人口中的「不良少年」走得很近，老師這輩子沒認識幾個吧，全部科目加起來不到一百分，不僅被家長放棄、也被學校放棄的那種人。

不出幾個星期，我在新的團體建立起自己的地位。我拿什麼來說服他們呢？想也知道，是錢。或許是身為長子的緣故，我的父母對我一向很慷慨。我出借昂貴的遊戲設備、正版球衣、球鞋，必要時直接借錢給他們，他們簇擁著我，而我，則像是君王般，隨性指出今日施捨的對象。我的開銷越來越大，拜訪父親的書桌次數也越來越頻繁，必要時，我也光臨過媽媽的皮包，噓——請保密，老師不想害我們難做人吧？

團體中有個女生很黏我，她的神韻跟女神有些近似，看著她，會喚起我許多甜蜜和痛苦的回憶。我的課本不是有一次掉出保險套嗎？對，就是跟這個女生，而且是她主動的。禮拜五最後兩堂社團課，我們會很有默契地想個藉口，溜到高職部頂樓的殘障廁所，在那裡盡情地做愛。

段考前的週末，我們偶爾欺騙自己的父母，說要去圖書館念書，其實是跑去開房間。

沒有一間旅館提出檢查證件的要求，這點我的朋友老早告知了，但是第一次毫無障礙、輕而易舉地坐在旅館的床上，令我有些悵然若失，少掉違法的刺激感，開房間這件事也不太酷了。

老師，妳的表情好好笑，有那麼不可思議嗎？也對，老師大我七、八歲，一路念的又是第一志願，在那種乾淨的環境長大，腦袋容不下半點骯髒吧。

現在女方的父母要告我妨害性自主，除非我們賠錢和解。真是莫名其妙，發生性關係是在對方的邀約之下，從做愛得到歡娛的，也不是只有我一人。哎，只因為我是男生，才讓對方的家長有了可趁之機吧。

老師，妳差不多要被辭退了。我的父母要放棄我了。

我媽說，她累了，也受夠我了。

說這些話時，她突然拿自己的頭去撞牆欸。我嚇歪了，搞什麼啊，我才是真正活膩的那個人好嗎？她憑什麼搶先一步，說她累了。

據稱他們這次要把我送去國外，進行更進一步的改造。

老師，再見了，很遺憾我們是以這種形式道別。

【母親說】

老師，我不知道我的兒子跟妳講了什麼。請妳聽聽就好，不要放在心上，我的兒子很聰明，也很擅長說謊，他說的內容，有很大一部分是出自他個人的誤解與妄想，他總是無所不用其極地把我給妖魔化。我想跟妳澄清一下，我不是漢偉所描述的那麼可惡的父母。

事情演變到這種局面，我一直想不透，到底在哪一刻，我失去了這個大兒子。

聽完我的解釋之後，方便給我一些頭緒嗎？

我跟丈夫均出身農家，體會過窮苦的日子。我是長女，很早就犧牲了學業，進入城市賺錢

供養底下的弟妹。先生是長子，他比我幸運一些，整個家庭把所有的資源都集中在他身上，資助他完成大學教育。我與先生在公司認識，他是主管，我是個小職員，在他的鼓勵下，我拾起荒廢已久的學業。拿到高中畢業證書當晚，他向我求婚，我沒有第二句話，點頭答應。

我所接受的教育是長這樣子的：把生命中的所有事件都視為義務，不討論權利，賺錢養家是義務，時間到了踏入婚姻是義務，生小孩是義務，照顧父母直至他們老死是義務，為孩子犧牲奉獻是義務，孩子長大了反哺老邁的雙親，自然也是一種義務。

坦白說，我不曾懷疑過這些義務存在的本質，以及為什麼自己要受到這些教條的規訓，我接受了，並且在接受的過程中尋找某種程度的安全感，也可以稱為信任。我信任自己，信任丈夫，也信任社會上其他陌生人會毫不猶豫、毫無懷疑地遵守著這些義務。

如此一來，這世界將會依循著穩定的秩序運轉。這一代的人養育下一代，下一代的人養育下下一代……至今看來，我的想法好像太夢幻了。

在我那個年代，夫妻不太可能把情愛掛在嘴邊，比較貼切的字眼是「道義」與「責任」。

怪獸都聚在一起了

夫妻關係類似夥伴，妳也可以說是合夥人，以經營公司的思維去經營自己的家庭。公司內部要有組織，組織上要有對應的人。至於外界怎麼看待這間公司的發展與前景？不外乎是家庭最重要的資產——小孩。

請不要質疑這句話，我跟我的丈夫在商場上打滾了這麼多年，經驗告訴我，再怎麼成功的企業，到了晚年，也不得不正視接棒的難題。婚後，在公婆的贊助下，先生創了一間物流公司，我則在五年間生了三個小孩。為了提供小孩經濟無虞的生活，先生不眠不休地工作，我負責打理家中諸事，包括三個小孩的教育。等小孩大一點，我請了一個保母，好讓自己撥冗去打理先生公司的財務。我跟丈夫於公於私，都是不可或缺的夥伴。

漢偉讀幼稚園時，我跟丈夫思考起搬家。原有的居住環境太小了，不足應付孩子們將來長大的空間需求。那時，先生的生意上了軌道，我們手上握有不少現金。

一間看過一間，始終沒有讓我們點頭的物件，在我們猶豫是否暫緩搬家時，房仲交給我們一戶花園別墅的資料：「這一間位處文教區，地理位置幽靜，方圓五公里內沒有半間網咖或聲色場所，學區是明星國中，順利的話可以考進社區高中，很適合你們這種重視孩子成長的夫妻。」

明知是話術，我內心深處卻有什麼被觸動了。難以形容，非常神奇的感受，我變透明了，

小孩的存在穿過了我。我轉過頭，用眼神跟丈夫示意：很可能就是這戶了！

老師，這裡很漂亮不是嗎，從二樓的落地窗看出去，左鄰右舍的植栽真是美不勝收。那位房仲沒有誇大，這裡確實位處幽靜，鬧中取靜，也因為一戶買下來並不便宜，鄰近的住戶也有一定的社經背景，對面住的是一對公務員退休夫婦，隔壁的男主人則是某外商銀行的高階主管，在這樣的生長環境下，我不用緊張小孩子會跟不三不四的人來往。

哎呀，不好意思扯遠了。

總之，我們買下了這裡，如妳所見，二樓是客廳和小型辦公室，我們跟小女兒住三樓，漢偉跟大女兒住在四樓。五樓在我們原本的規劃是作為先生練習書法的場所，這是他鮮為人知的嗜好。室內設計師來到家裡時，不知怎地，先生愣愣地說了一句：「改成孩子的書房吧。」

在那一刻，我感動得泛出淚花，我的丈夫跟我一樣，我們是舊世界出身的，為了小孩的福祉，願意犧牲奉獻出所有的一切……

這是你們新世界的人所不能了解，甚至嗤之以鼻的。老師，我沒有怪罪妳的意思，可是你們現代人的想法跟思維，是我無法領教的。

漢偉五、六歲時，我觀察到一個令人不安的現象：越來越多人不遵守社會上的規矩了。

我稱他們為新世界的人，以便和我們這種舊世界的人做出區別。

新世界的人，試圖以各種方式、從各種義務中遁逃出來。以結婚生子為例好了，他們其中有不少過了三十歲還不肯踏入婚姻，只因害怕婚姻所帶來的負荷，或是結婚後驚覺維持婚姻這麼麻煩，便很爽快地離了婚；也有那種結婚後嚷嚷著不想被小孩綁住的，叫什麼來著？頂客族對吧？總而言之，在我眼中，他們一個比一個還不如。

最令我傻眼的是，他們自己逃避身為社會一分子的義務就算了，別聲張，我還勉強可以諒解，偏偏他們作賊心虛，先聲奪人地展開宣傳：「結婚不能代表幸福，不婚也是一種選擇」、「離婚後的女性仍有追求真愛的權利」，其中也不乏「不要把重心放在家庭身上，女性要培養個人的生活與興趣」諸如此類的歪理。

搞什麼啊──這些人動嘴巴時，大腦是停止運轉了嗎？

男人出外打拚天下，女人把家庭打點得溫暖舒適，這不是很自然而然的分工嗎？若一味講究「自我」，為什麼不勇敢一點，宣布自己要當永遠的……之前不是有一個很流行的名詞？偶像劇也有使用的詞彙。敗犬？對，就是敗犬這個字。假設所有事第一個想到的都是自己，不如

當一輩子的敗犬吧，這樣說很惡毒，不過我不會收回的。

幾年前，我在電視的談話性節目中，看到穿著短裙、露出整個膝蓋的女藝人，向觀眾表示「我很慶幸當年我有離婚的勇氣，現在我過得很幸福」，我的心都涼了，是誰放水讓這種言論出現在媒體上的？不怕教壞小孩嗎？我斷了第四台，同時警告漢偉和他兩個妹妹，沒有我的允許，誰都不可以靠近遙控器。這麼多年下來，我只給他們看英語教學節目及少數的新聞，我不給他們看卡通，最近的卡通很狡猾，時常偷渡一些色情和暴力的鏡頭。

漢偉去念小學後，為了得到漢偉的第一手資訊，我自告奮勇擔任導護媽媽、愛心媽媽和說故事媽媽，我希望幫助漢偉成為一個受歡迎的小孩，不時送孩子喜愛的飲食去班上。

作為母親，我自認比所有的母親都還要勤勉。

哎，這樣的防堵還是不夠。

這世界越來越髒了。想要養育出一個乾淨、無污染的孩子，實在是困難重重。新世界的人正以細菌般的速度在繁衍，很多和我們一樣出身舊世界的人，也拋棄了舊世界的道德，自甘墮落地投身新世界的懷抱。悲哀的是，我們這些擇善固執的前輩，不僅沒有受到尊重，相反地，還動輒被投以「老古板」、「不知變通」的譏嘲。

我很焦慮，這樣的社會還有未來可言嗎？

*

漢偉彎下腰拚命嘔吐的那天，我的心都碎了。我那麼努力，不讓兒子受到一點損傷，同學們一個無心的舉動，班導缺席的五分鐘，漢偉就受到這麼大的傷害。我好害怕，世界的秩序鬆動得遠比我所料想的更加嚴重，我怎麼保護我的孩子也是徒勞，新世界的人以及他們率性管教下的後代，註定會給舊世界的人帶來困擾與傷害。

老師，妳可以試著體會我的心痛嗎？就像是妳精心呵護的稚嫩幼苗，卻因鄰人沒有整理他們的花木，颱風一來，隔壁的斷枝惡狠狠打在妳守候多年的幼苗上。

在我的堅持下，菜鳥導師笨拙地根據通訊錄撥著電話，第一時間，居然有三分之二的家長回應是：「不好意思，人還在公司，待會趕過去學校！」

我非常憤怒，身為母親，沒有把心思放在家庭，為了幾個錢外出工作，在她們為了公事操煩時，還有多餘的精神教育孩子正確的道德觀嗎？她們回家會烹煮出營養健康的膳食嗎？聯絡簿簽名之前有好好看過孩子寫下的每一細項嗎？

那些母親匆匆地抵達時，我怒目瞪視著她們，她們還一臉茫然的癡呆樣。

真是太可惡了！我越想越生氣。

她們可有思考過為人妻母的義務？眼前的社會鼓勵職業婦女，呼籲女性以經濟獨立換取人格的獨立，這種觀點實在叫我忍不住翻白眼。我說過了，義務、義務，每個人在社會上有其應盡的義務，男人的義務是在職場上拚命，給家庭帶來穩定、豐裕的收入，女人的義務是打造一個令所有成員都心悅誠服的家。人人站在自己該立足的位置上，像顆鎖緊的螺絲釘，社會這部機器會運轉得很良好。但我也說過了，新世界的人滿腦子只想著如何從義務中遁逃出來，只想著自己，往自由投奔的母親導致親子教育的真空，而這段真空的無辜受害者——是我可憐的兒子！

我將那些不稱職的母親罵得狗血淋頭，心中很是痛快。

結束後，我把一臉慘白的漢偉帶離現場，他看起來不太好，像是從什麼夢魘中醒來似的，

我很同情他，頭部受到的撞擊太強了，他得休息一陣子。

老師——漢偉變了，變成一個我陌生的孩子。

我那成績優異、具有領袖特質的完美兒子不見了，事件後，住在我家的，是一個剛學會逃

怪獸都聚在一起了

避責任的人。漢偉第一次開口說出不想去學校，我簡直不敢相信自己的耳朵，遇到挫折便逃避，豈不是新世界的人的標準作風？我一手栽培的好兒子，曾幾何時被帶壞了？

我沒有把他的異狀告訴丈夫，漢偉是我的職責，我若向丈夫抱怨，也許丈夫忍住不說，但放在心底想的卻是：「我把兒子交給妳，妳怎麼沒把小孩帶好呢？」

我沒有線索，問漢偉他也不說，只能猜是那些無恥的小孩展開了報復。真是一群無可救藥的傢伙，非但不自省，還想著孤立漢偉來減輕自己的罪惡感。我憐憫他們，乏人管教的小孩跟孤兒沒兩樣，他們的父母是新世界的人，新世界的人可不會記得要矯正孩子失序的行為。

那位菜鳥導師也很荒唐，這種群體的欺壓事件，有經驗一點的老師絕不會等閒視之，她以為在班會上溫情喊話，要大家相親相愛，能收到多少效果？

沒關係，漢偉快升上國中了，他即將遠離這不潔之地。

牽著漢偉辦理註冊的那一天，我的臉上堆滿笑容。果真是區內升學率最好的國中，校園內洋溢著活潑、清新的氣息，接待的老師也很客氣。我特地在穿堂的布告欄前停留了一會，留意上頭的成績風雲榜和校外競賽成果，我很滿意我所見到的。

「你喜歡新學校嗎？」我問漢偉。

他輕輕地點了一下頭。

我握起他的手，溫柔地看著他：「答應媽媽，要在新學校振作起來哦！」

不知道為什麼，漢偉的手又濕又涼，可能是太緊張了吧！

漢偉也很期待國中生活吧。我樂觀地想。

*

升上國中後，漢偉的心情沒有明顯的起色，對於上學依舊提不起興致。我壓抑心中的焦急，

耐心等候，等候漢偉跟小時候一樣，把心事告訴我。

遲鈍的丈夫也開口了：「我怎麼覺得兒子比以前還要陰鬱？」

我給漢偉的零用錢更多了，是我給兩個女兒的總和。心中對於這樣的差別待遇感到不安，

但漢偉一拿到錢不但對我露出感激的微笑，還會撒嬌地喊幾聲媽媽，我又覺得這樣做沒有錯。

我只有漢偉一個兒子，他得好起來。

幾個月後，我收到一張電話帳單，逼近五位數的天價。我心中的警鈴大作，該死，又有細

菌纏上門了。此為緊急狀態，我別無他法，硬著頭皮跟丈夫報告，幸好丈夫看出了事情的嚴重性，沒有責怪我的輕忽，反而熱心地跟我商討解決方案。我們最終決定採取最有效率的管道：直接趁兒子洗澡時取來他的手機，檢查他的對話記錄以及簡訊。

螢幕上，露骨的文字映入眼簾，我差點噁心吐出來。

胸罩。乳頭。內褲。吸棒棒。

這次來污染漢偉的，是更頑強的細菌。別說我反應過度，老師，妳誠實地跟我說，這些猥褻的字眼，出自一位十四、五歲的女孩口中，妳不覺得噁心嗎？

孩子的成長只有一次，做父母的責無旁貸。丈夫當下打了一通電話給導師，導師給了幾組關鍵字：母親剛離婚、現在和母親及母親的男友同住一個屋簷下、經濟來源主要是透過母親男友打零工的收入。

我跟丈夫的眼睛瞪大，面面相覷，這個女生的母親在做什麼？至少都三十歲年紀的人了，活得這麼隨便不丟臉嗎？殊不知她的女兒有樣學樣，也想攀個男人輕鬆度日。不用想了，那些骯髒不堪的簡訊，正是那個女生誘惑漢偉的鐵證！

我剛才不是提過了，三個小孩從電視吸收多少的資訊、怎樣的資訊，長年下來皆在我的審

核下進行，為了孩子，老公也合作無間地只在公司讀報。家中唯一一台桌電放在客廳，誰使用電腦，又做了怎樣的使用，沒有一件事可以躲過我的眼睛。在我縝密的控管下，漢偉沒有接觸色情訊息的機會，怎麼可能說出那些下流的字句？對吧。老師妳教漢偉一年多了，妳判斷一下，一個十三、四歲的小孩，沒有外人的唆使，會主動講出那種話嗎？不會吧。那些話想必不是出自漢偉自己的意思，他太懵懂了，不曉得怎麼處理這類城府很深的女生。

我跟丈夫檢討過了，這女生不好對付，她八成看出了漢偉來自富裕的家庭，想方設法要巴著他。被她的花言巧語迷得團團轉的漢偉，看不到她的真面目，還反過來振振有詞地為她辯護。

我那可憐的兒子，是我不好，來自新世界的侵擾又太多，沒關係……我還來得及挽救。

我提出給漢偉轉學的想法，丈夫起先猶豫不決，我告訴丈夫：「漢偉一天在學校八、九個小時，我們再怎麼盡責的消毒殺菌，別忘了，漢偉依然和那個女生在班上朝夕相處啊。我們辛辛苦苦養出來的小孩，是活該要被污染嗎？漢偉升國三了，轉學對他確實有些辛苦，可是，孩子正在走偏，你做人家父親的，看了不會憂心嗎？」

「妳說得很對。」丈夫採納了我的主張。

＊

事實證明，我錯了。

漢偉在Y校沒有變乖。我幾乎要跪下來懇求他好好準備考試，漢偉一向很擅長考試的，但在Y校，他缺席每一場大考小考。我告訴漢偉，只要他考上前五志願，我可以送他最新的智慧型手機，漢偉不要，反覆吵著要和那女生再見一面。

我也急了，漢偉的基測已屆倒數一百天，我不能坐視他考上名不見經傳的學校，丈夫會怪我的。我找上漢偉在Y校的導師，看看有沒有辦法，一勞永逸地斷除我兒子對這女生的執著。導師給了一個建議，不妨叫那女生寫一封信，信中務必要決絕地表達出「不願意繼續這段感情」的立場，唯有讓漢偉徹底死了這條心，整件事才有轉圜的餘地。據導師所說，那女生一開始很不情願，一聽到漢偉在Y校過著自我放逐的生活，似乎也良心發現，靜靜回到自己的座位寫信了。

我把那封信交給漢偉。

老師，妳絕對想不到，看完那封信之後，他哭得死去活來。

我看了好不忍。我的兒子被設計得好慘，這種虛情假意的感情他也當真。

我輕撫著他的背：「兒子啊，青春期的愛戀是不可信賴的，你看，這女生沒有你之後，飛

快地找了另一個人填補你的空缺，你要快點好起來，讓自己的生活重回正軌啊！」

我滿心期待著兒子的洗心革面。

好奇怪……我似乎又錯了。漢偉更墮落了，不顧我的聲淚俱下，漢偉就是不肯念書。考基測那天，他每一科目都提早交卷，考場很炎熱，我的心卻很冰涼，我明白漢偉放棄這次考試了。

那幾個月，我的丈夫留在柬埔寨視察工廠的營運，晚上我與他通電話時，時常猶豫著要不要向他說一下漢偉的狀況。老實說，我不太敢講，漢偉是長子，我丈夫對他有特別的期望，我怕我據實以告，會害得丈夫在柬埔寨不能安心做事。

我一再拖延，直到漢偉考基測，丈夫打電話來關心漢偉考得怎麼樣，我小聲地念出漢偉的分數。電話另一端沉默了好久，久到我快窒息了，我丈夫悶悶地問了一句：「奇怪，這孩子小時候不是很會念書嗎？」

我承受不住，抱著話筒痛哭起來。

老師，漢偉有沒有跟妳提過，我們夫妻倆曾經拿三個小孩的生辰八字去給老師算命，那老師很有名，很多藝人跟政治人物都找他算過，他一次要好幾萬，我們付了快十萬塊給他。

那個老師拍胸脯跟我保證，漢偉天資聰穎，氣質出眾，是拿筆的命，未來的工作很可能帶個「官」字。我從未懷疑過這個見解，漢偉的確很聰明，不是我在自誇，教過漢偉的老師，有好幾個說過漢偉特別好教，別人家小孩花了老半天才搞懂的概念，漢偉沒兩、三分鐘就上手了。

我把老師的話轉達給丈夫，丈夫聽了很得意，說他日後要把兒子送出國念書，學成歸國後要接他的事業。到後來，曾經被寄予厚望的小孩考進一間三流高中。

怎・麼・想・都・令・人・很・難・受・吧。

問題到底是出在誰身上？不可能是漢偉啊，他的資質得到多少老師肯定；也不可能是我，我這麼盡心地栽培漢偉，不像那些把小孩生出來之後，任小孩自生自滅的失職父母啊！想來想去，不免覺得悲哀，學校的環境是我唯一不能控制的，我的孩子被學校給毀了。

我再也不相信學校老師了，他們成天敷衍了事，沒有多為家長服務的熱忱。我找家教，並且告訴仲介社，我要指定用心、盡責的老師，不要那種領錢了事的。因此，我跟漢偉認識了妳以及顏老師。我曾對於兩個老師都是女的有些介意，但長期看下來，我有些釋懷。女老師多一點母性，願意撥冗照顧學生的情緒。顏老師自己的小孩也大了，她對於如何跟青少年溝通很有

你的孩子不是你的孩子

252

一套，妳很年輕，脫離學校沒太久，漢偉跟妳對話時沒有代溝。

總之，漢偉在你們的陪伴下，一天一天好轉，跟我說話的頻率增加了，成績也恢復到過往的水準，我的好兒子回來了。算命師沒有看錯，漢偉是人中龍鳳。丈夫也暫且放下柬埔寨的工程，打算回台灣休息幾個月，我好開心，可以喘口氣了。

快樂的時刻往往很短暫，學校寄來成績通知單，敲破了我的美夢。

很多人覺得我大驚小怪，漢偉只不過是英文被當了，又不是天要塌下來。

如此的思考邏輯，跟單細胞生物有什麼兩樣？他們沒有能力看得更仔細。今日的重點在於，漢偉的段考都考得堪稱理想，至少有七十分的水準，可是這位老師在漢偉的平常成績給出零分。

零分代表什麼？全盤的否定。

葛老師所制定的規則太專制了，這麼頻繁的小考和作業，她以為學生只有英文這科要讀啊？

漢偉沒有參與小考及作業，這點我無話反駁，但……漢偉的段考是全班前幾名，難道不足以證明他具備這學科應有的能力嗎？

葛老師不是不知道，漢偉先前是多麼叛逆的學生，他正在努力回歸學校的團體生活，成績

也有了很大的起色。漢偉的情事特殊，一體適用的規則不適合他。

讓我失望的是，那半年我經常打電話給葛老師，強調漢偉很特殊，他正在進步、好轉，需要老師多加包容，請盡量以鼓勵代替苛責。葛老師通常敷衍我幾分鐘，急著掛斷電話，也不跟我談一下漢偉拒絕小考、不交作業的事，學期結束徑自當掉了漢偉，這不是很惡劣嗎？

老師，妳也有看到葛老師那天的姿態吧，多典型的職業傲慢啊！

看她胸有成竹地為自己抗辯，我都要暈倒了，這樣的老師有資格為人師表嗎？

我很失望，對於葛老師很失望，對於學校很失望。我打聽過葛老師，名校畢業，教學能力有一定的水準，是校長口中「英文科第一把交椅」。聽起來很光鮮亮麗吧？才不是——他們忽略了一件事：葛老師沒有結婚生子，她無法感受家長的心境。

小孩一天在學校至少待上八小時，小孩有不少人格特質的形塑是在學校完成的，既然學校帶給小孩的影響至為重大，擔任此一重責大任的老師，最好也是個家長，如此一來，他在教學上才會跟家長產生共鳴，他能掌握家長要的東西，不會做出太不合常情的判斷。

葛老師是新時代的人，在老師一職上，我想不太及格。

漢偉不願去補考，我無能為力，也懶得念他了，我姐姐說漢偉救不回來了，要我把注意力轉移到兩個女兒上頭，她們還小，現在介入不嫌晚。

不久前，我接到一通電話，對方說漢偉跟她的女兒上床，除非賠錢和解，否則他們鐵定會把我們告上法院。排山倒海的厭惡感湧了上來，我在漢偉面前失控了，我差點想把他推去撞牆，為什麼一再讓媽媽絕望呢？乖乖成為一個品學兼優的好孩子很難嗎？毀掉媽媽讓你很得意嗎？即將動手的前一刻，我還是捨不得，我停下一切動作，走回房間。

老師，不好意思，明天起妳不用來了，漢偉要出國念書了。

漢偉的姑姑嫁去美國，跟年紀大了近一輪的丈夫住在加州，兩人生不出小孩，過著自在卻也有點無聊的生活。她很同情漢偉的處境，主動提說可以幫我們照顧漢偉。

我現在不適合看到漢偉，一看到他就心煩，太多情緒了。這幾天，我整理家裡的照片，有一張我不敢看第二次。那是漢偉小六的時候，我去參加他的運動會，買了披薩跟炸雞犒賞他的同學。他的同學跟班導慫恿漢偉抱著我，快門按下時，我也抱緊他，畫面中，我們都笑了。

【葛老師說】

妳現在方便講電話嗎？妳在家裡啊，這樣很好，既然妳人不在外面，待會說起話來自在多了。收到妳的簡訊，我很意外。原本想說也回簡訊好了，想了一整個晚上，要講的實在太多了，不知從何下手，打電話省事很多，希望沒有造成妳的困擾。

在我們切入正題之前，我先打個岔問個問題，「王牌教師」，蔡漢偉在妳面前，真是這樣稱呼我的嗎？是真的啊？好吧。我先承認，我很意外，我以為他會發明一些……妳懂的，就是比較下流的叫法。很抱歉，老師當久了，難免會把學生想得邪惡一些。

我的手機號碼是蔡漢偉給妳的吧？說來可悲，這年頭，老師的隱私像是公園的草皮，任由來公園玩耍的家長及小孩踐踏。我最初踏入教職時，手機尚未發明，家長的來電不接也無妨，說自己在外用餐即可。手機一問世，哎，這玩意兒的發明，對世人而言是福音，對我來說卻是避之唯恐不及的噩夢。有了手機之後，家長對於「即時聯絡到老師」的執念膨脹得非常可怕，現在，一旦漏接家長的來電，家長的抱怨便隨之而來…「老師要記得常看手機啊！」

通訊軟體還一個接一個推出，有完沒完啊——

教師的工時，遠比外界所知的長上許多，離開校園，褪下拘謹的套裝，脫掉嚴肅的面具，仍無法成功地從「老師」的角色中抽離。說穿了⋯⋯是家長們不讓老師出戲啊。

家長們最常誤解的一件事情是：小孩是他們生活的全部，但對老師而言，小孩不能代表什麼。對大部分的老師而言，學生是工作的一個環節，過程中所衍生的師生情誼是附加價值，有了要知足，沒有也別謾罵，師生情誼從來不是教育的元素，壞事的前例也不是沒有。

淺顯一點說好了，在我下班後，我一點也不想聽到「蔡漢偉」三個字，包括任何學生的名字，我只想回歸私生活，卸妝，打開微波好的餐盒，把全身的骨頭交給沙發。比起學生此刻過得怎樣，我更關心韓劇今天會播出幾個小時。我下班了，下班有下班的生活。

這樣的自白傳入家長的耳裡，會招致怎樣的評價呢？

用膝蓋想想也知道，他們會說：「這老師太沒心了。」

這樣的想法未免太自大了吧。難道老師的心是為了學生而存在嗎？

我現在所說的情境，妳應該很能感同身受吧？讓我們打開天窗說亮話吧，妳是蔡漢偉的家教老師⋯⋯我沒猜錯吧？那天，蔡漢偉的母親介紹說妳是蔡漢偉的表姐，自願給漢偉輔導課業。

　　　　　　　　　　　　　怪獸都聚在一起了

或許是同為教育工作者吧，我很快地聯想到妳其實是蔡漢偉的家教。

「蔡漢偉的媽媽給他請了兩個學歷很高的家教老師」，這件事拜蔡漢偉的大力宣傳所賜，在班上已不是新聞了。

蔡漢偉是個矛盾的孩子。

身為老師，立場中立是職業道德所需，但老實說，我不太喜歡蔡漢偉，近乎討厭的程度。

他太自以為是了，動不動擺出一副清高的姿態。表面上他很渴望交朋友，私底下卻不是這樣，在蔡漢偉的眼中，其他人都不若他聰明，想事情也沒有他深入，他交朋友是勉強湊合，是委屈自己去跟一群笨蛋共處──先別急著反對我的說辭，我之所以這樣說，並非個人臆測，而是有根據的。

在我教蔡漢偉的第一個月，我注意到蔡漢偉跟班級格格不入，出於一種導師的使命感，我暗中請幾位與我友好的學生，撥些時間關懷一下蔡同學。

幾天下來，那些學生帶回令人意想不到的成果。

「以前認為蔡漢偉很可憐，沒人要理他。好不容易鼓起勇氣找他講話，可是……講沒幾句就想閃人了。蔡漢偉超級自戀，話題一直圍繞在自己身上，我想說話，他又拚命插嘴打斷我。

感覺他一點也不在意我的想法，我不想再跟他說話了。

「蔡漢偉很愛重複他小六、國中的往事，第一次聽會為他難過，直到第二次、第三次……我有點受不了了，蔡漢偉是不是沉浸在自己是悲劇小英雄的幻想之中啊？對不起，可能辜負了老師的期待，但我也一樣不會再找他了。」另一個同學補充。

「蔡漢偉好像不記得我了，我跟他讀同一間國小，就在他的隔壁班，我一個好友是他的同班同學，我聽過不少蔡漢偉的事。當年，他被同學不小心推去撞牆的事鬧得**轟轟**烈烈，同年級的學生無人不知。前天，我稍微跟他聊了一下，他雖然沒有外界所傳聞的這麼自閉……倒也好不到哪裡去。蔡漢偉說他在小五以前是校園的風雲人物，我嚇了一跳，不是這樣吧？就我所知，蔡漢偉在國小的成績的確很好，交際技巧卻很爛，說話不經大腦，一天到晚得罪別人，在班上的名聲很臭……他到底是從哪一點認定自己是風雲人物啊？」

學生的回饋讓我思考了好久。我想得太直觀了。

我以為蔡漢偉的問題出在他的母親，看來我也沒逃過刻板印象的制約。

＊

接下這個班級時，先前教蔡漢偉數學的葉老師提醒我要明哲保身，蔡漢偉的父母是傳說中的直升機家長。當初他要當蔡漢偉的數學，蔡漢偉的母親先打電話與他斡旋了半小時，見他遲遲不肯讓步，就與蔡漢偉的父親開車直驅學校，看葉老師還在上課，兩人雙手抱胸，等在門外。

葉老師嚇到了，只好把蔡漢偉的分數往上調了兩分，讓蔡漢偉不用補考。

我跟葉老師不同，我不是那種會輕易妥協的人。第一堂課，我就跟學生開宗明義，小考好好作答，作業按期繳交，老師不會在分數上委屈你們。公布遊戲規則的當下，我刻意往蔡漢偉的方向多看了兩秒，他也看著我，我以為我們無形中達成了共識，他會乖乖的。

曾經這樣想過的我實在愚蠢至極。

蔡漢偉缺席了每一次的晨考，也不交任何作業。學期末將近，我暗示他好幾次，請按照遊戲規則走，為了顧全他的面子，我是私底下說的。

蔡漢偉只是嬉皮笑臉地敷衍我：會改啦、下次作業我拚拚看，老師不要那麼緊張嘛。

有同學說，蔡漢偉每個早自習都躲在廁所裡看Ａ片，聽說他的母親管得很嚴，蔡漢偉在家

中沒有A片可看，只好趁著早自習，借同學的網路下載A片到自己的手機。這點我不予置評，青春期的男生對於性或多或少會產生好奇心，我能體會。我只是很困擾，蔡漢偉不考試不交作業，無疑是在全班面前甩我一個巴掌，表明他不把我放在眼裡。

掙扎許久後，我下定決心，非在他的平常成績畫上零分不可。

我太小看我同事的警告了，蔡漢偉的母親簡直是神經病。我沒想過天底下有這種父母，可以為了小孩的成績，甘願在眾人面前又哭又笑，極盡煽情之能事地演出；我更沒有想過，她會對我吐出那些詛咒，小孩的成績有這麼偉大嗎？偉大到可以把老師的尊嚴踩在地上。

妳那時的臉色看起來很蒼白，妳也嚇了一跳，對吧？

我要辭職了。

官方說法是要返鄉照顧罹患癌症的母親，實情則是單純許多，我累了。妳可以拿我們的對話內容去向蔡漢偉的母親告密。我不怕。一旦我從老師的身分中走了出去，蔡漢偉的母親也不再是家長了，一個神經質的中年婦女，我怕她什麼？

從小，我是父母的掌上明玉，他們在我身上投注了不少教育資本。大學聯考，我的分數同時可以錄取法律系及外文系。填志願那晚，母親誠懇地請求我把法律系填在前面，她認為當老師是低估了我的能力，我太自信了，竟一意孤行，把母親的意見拋諸腦後。

畢業不久，我考取這所私校的教職，我帶班、教學都很認真，校長時常看著我，滿意地微笑，說：「妳是我們這所學校的鎮校之寶，妳來了之後，學生反應極佳，家長也很喜歡妳。」

為了報答校長的伯樂之恩，我把所有心思奉獻給工作。為此，我疲倦得沒有多餘的體力談戀愛，母親給我安排了好幾場相親，我因為學生的事而放對方鴿子的次數多到無法勝數。

有一天，我跟母親說，不要再給我規劃婚事了，我的日子很好，桌上掛滿了學生寫給我的感謝卡，每年寒暑假，學生跟候鳥一樣，會回到我的身邊，吱吱喳喳分享升上大學的點滴。

學生即是我的孩子。

如今我很後悔。

擔任老師十幾年，即將要辭職，不免有回首觀照的心境。我必須說，母親的話對了一半。對的部分是，我應該填法律系；錯的部分在於母親說反了，當老師，不是低估我的能力，相反的，

是太高估我的能力了。以現今風氣對於老師的標準來看，我是百分之百的不及格。

老師的職業需求，除了專業的授業能力、協助提升學生的學業成績外，還得照顧學生的心理健康，關心他們的家庭狀況，建立好家長與學校間良好的溝通橋梁等等，其中一個環節出了差池，龐大的責任立即掉了下來。

少提了一個很重要的層面：少子化製造出一對自以為是的學生與刁鑽的家長。

少子化所衍生的負面效應，一般人往往從世代更替、扶養比的角度出發，在我看來，他們

因為只生一個、兩個，家長習慣將家中所有資源把注在孩子身上，把小孩寵得無法無天，這麼說可能會讓很多家長感到不悅，但我的個人觀點是，養小孩跟投資很像，今天你把所有的雞蛋放在同一個籃子裡，對這次投資的得失心不免會非常可觀。

簡單來說，家長們開始把小孩放在很優先的位置。

這樣說很籠統，我舉個例子。學生間起了齟齬，又得不到共識的前提下，我們會請雙方的家長前來學校說明。從前，家長一到場，不外乎先壓著自家孩子小小的腦袋瓜，鞠躬致歉：「對

不起，是我家小孩的錯，我們家沒管好，造成您的困擾非常抱歉。」

我個人很偏好這種「不問是非，先道歉再說」的解決方式，省時省力。可惜該方式在過去幾年間被抨擊得很慘烈，說會混淆小孩的價值觀，教出低自尊的小孩。

於是，以保護小孩為出發點，新一代的父母演化出截然不同的面貌。

「是你的小孩帶壞我的兒子！我兒子這麼乖巧，怎麼可能會主動去欺負別人？」

「你有證據說是我兒子先推你女兒的嗎？搞不好是你女兒先挑釁的啊！」

有時雙方僵持不下，下一秒砲口一致，把過錯推到老師身上，說老師監督不周。

家長跟老師，如從前一樣和睦的互動不復存在了。

從前，家長們對於老師多半是心懷感恩，謝謝老師對學生的提攜。現代家長這麼想的很少，他們一再擴張老師的責任義務，把老師額外的付出視為理所當然，老師們偶爾鬆懈了、失控了，就準備接受一連串的抗議吧。這不是最慘的，最慘的是被告上法院。

堅守原則的老師一一絕種，反觀那些絞盡腦汁去迎合、巴結家長的老師順遂地壯大，家長

說要考試，老師增加考試頻率；家長嫌老師補充資料太少，老師連忙印製一疊講義，也不問學生是否可以吸收。想想不由得覺得可悲，接受教育的對象是學生，照理說，老師的教法該以學生為導向吧，怎麼會是家長呢？

更有不少家長把學校教育當作是飯店buffet，可以滿足他所有的心願。

這樣想真是笑死人了。

學校教育有如營養午餐，大部分的人負擔得起的價位，不會太精緻可口，也不至於難吃到哪裡去，不想吃的學生請額外花錢去福利社解決。換句話說，一套規則，一定有你家小孩佔上風的場面，也一定有風向不對的日子，這才是學校教育，想吃高級buffet的人請找家教、補習班或者更小班、更貴的私校客製化──

那不是我的領域，先不多言了。

好奇怪，妳是蔡漢偉的家教老師，某程度上我們是對立的，我在不知不覺間，也對妳吐露出這麼多心事，或許是積怨已深，不吐不快吧。

能夠同蔡媽媽這樣的家長長期相處，真是辛苦妳了，不諱言，我有點同情妳。像她這樣的家長，這幾年只會多不會少。

蔡媽媽常以「模範母親」自居，一副為兒子南征北討的好媽媽形象。她真的愛她的小孩嗎？這點，我不清楚妳是怎麼想的，我提出我的一點想法，妳不妨聽聽看。在我眼中，蔡漢偉的母親是很可怕的，她根本就在用盡心機把自己的兒子送入深淵。

她時常打電話來對我訓話，指摘我對蔡漢偉的關注太少了，她說，只要我對她兒子釋放出多一點的善意，蔡漢偉久了就會被我的誠意給打動。

殊不知，每一次她打電話騷擾我，無形中也在加深我對蔡漢偉的憎惡。我在心中幻想過好幾百萬次，在全班面前衝著蔡漢偉咆哮：「管一下你媽的嘴巴好嗎？」

我覺得自己好像怪怪的。

去年，日本有六百多位中小學老師因患上精神疾病而辭職。看到《產經新聞》的這則報導時，我彷彿看見自己的倒影。每一天，按掉鬧鐘，從床上爬起來，一邊用梳子分開糾結的頭髮，一邊問著自己：「我還要忍耐多久？」不瞞妳說，近日，我已疲乏到光是看到蔡漢偉他媽的電話號碼，就恨不得把手機摔向牆壁。我的良心告訴我，我的身心狀態並不適合當老師了。

對了，我有聽說蔡漢偉跟隔壁班女生之間的緋聞，有學生跑來跟我告密，說女方曾沾沾自喜地向同學炫耀，他們做了好幾次了。

那個女生看起來很文靜，我以為她只是不喜歡讀書而已，沒想到她會講出這種話。

現在的小孩，天真無邪的臉孔下到底包藏著怎樣的想法，妳永遠不知道。他們深諳自己是稀有資產，要麼裝可憐，要麼放膽對父母予取予求，蔡漢偉不正是一個例子？口頭上嚷嚷著自己的父母多可惡，伸手要花用時卻毫不手軟啊。

扳指算來，我當老師快二十年了，雖然稱不上專家，至少這個行業的實際生態，我自認有說話的立場。學校老師這個職業的前景，差不多死透了。妳以為，蔡漢偉母親的行為模式，是最可怕的嗎？對其他老師而言可能是，但我認為，蔡漢偉的母親勉強還算合格，畢竟，比她失格的父母大有人在。

妳當家教的，也見識過這種家長吧，把自己的小孩打包成一團，丟給外人。滿兩歲丟給幼幼班，大一點丟給幼稚園，之後換成國小，國小很早就放學怎麼辦？別慌，有安親班。進入青春期，怕小孩會利用閒暇時間做壞事，便往補習班送。此類家長似乎很害怕和自己的孩子單獨

相處，急著把小孩的時段切割成好幾塊，安插不同的活動，每個活動有不同的外包負責人。基本上，他們表現出來的立場即是：寒暑假帶小孩出國一趟，定期繳納兒女的學雜支出和補習費用，手頭尚寬的話，再負擔一、兩項才藝項目，便盡了為人父母的責任。之前，有家長跟校方提議，說希望能增加課後輔導時數，我很訝異，禁不住想：你們有多麼不想看見自己的小孩啊。

我曾相信我可以做個好老師，最後我把自己給掏空了。要體察這麼多孩子的情緒太困難了，尤其我無論怎麼做，總有一、兩個人看不過去。再說，關心小孩的心情，究竟是誰該負主要的責任？我可不是那個出精子或卵子的人，憑什麼強迫我付出那麼多？

別笑啊……我很認真的。除了認養，很抱歉，我這輩子沒有其他做母親的管道。妳不同，妳還年輕，妳可曾想過，像妳這種受過完整教育、有主見的新時代女性，換成母親的身分之後，真能保持距離，不插手學校老師的作風？不把自己的責任外包給他人？妳有多少自信，自己不會變成像蔡漢偉的媽媽那樣？

再兩個月，我就要離開這所學校，從「老師」的身分逃跑了。我可以想見，不少家長將批

評我「不負責任」，沒有盡責地把手上的班級帶到高三。

可是，第一次，我不想管了。負責任也好，不負責任也好，我要回去當一般人了。

第 9 個家

# 高材生的獨白。

「和母親將近第一百次的和解失敗時，我決定寬恕自己，和解或許可行，但不是現在。」

這篇的女主角不是學生，是我深交五、六年的好友。

書寫到一半時，我跟她提起我正在寫學生的故事，我有些埋怨地跟她說道：「妳的存在多少動搖了我的想法。妳看，妳母親的教育方式很強勢，妳的成就卻如此傑出。我時常寫著寫著就想到妳，想到妳心底難免有些衝突，也許高壓教育還是可能見效的？」

朋友沒有立即回應，她把手放在嘴唇上，有些詫異的模樣。

幾秒後，她笑著回答：「妳怎麼會誤解我目前的成就是我母親的功勞呢？我現在可以告訴妳，假設我媽採取更柔軟、更有彈性的教育理念，我的發展很可能比現在更好。」

她是個大方的人，花了很長一段時光，細心縝密地把她的過去交給我。

我走進她的生命，每踩一步就驚嘆不已。待我走到盡頭，故事也差不多完成了。

希望我的描述有她言語一半的細心縝密，以及大方。

＊

以世俗的眼光來看，我是個很成功的小孩。十五歲考上第一志願高中，而我數學科的成績大部分在全校前三名。十八歲時，我考進台灣大學的熱門科系。滿二十歲不久，我在一場知名的比賽中拿下亮眼的成績，這項成績給我的個人經歷添加了不少光彩，之後我申請國外大學很順利，收到不少知名大學的入學許可。

我的求學過程引來媒體的興趣，在準備出國的暑假，我與母親一同接受幾間媒體的採訪。

幾天後，新聞稿陸續出來了，我忘忘地讀著，記者對我的形容真是美不勝收，美得我不禁懷疑他們筆下的人真的是我嗎？另一個更奇妙的想像浮上腦海：此時此刻，會不會有一位母親或者父親，也像我的母親那樣，輕手輕腳地剪下這則報導，用螢光筆標示出值得參考的學習方法，左手食指放在我的照片上，右手摸著他們小孩柔軟的頭髮，跟他們說：「要向這位大姐姐學習哦。」

如果我說，請不要這樣做，各位家長會有什麼反應呢？

我想說的是，每個人，在此我是說小孩，都是獨一無二的。

我的母親，自小就很熱中於閱讀偉人傳記，她很聰明，學業表現也很優異。像母親這樣優秀的女性，自然會對於自己的人生充滿抱負，只是，在工作與婚姻的兩難上，她順從社會的期待選擇了後者，為了配合我父親的工作形態，我媽最終挑了一個穩定、卻幾乎沒有挑戰性的工作，這多少辜負了她辛苦得來的碩士學歷。我的母親不曾對於這樣的抉擇明確表示過後悔，但她在談吐間仍透露出一些端倪，例如她在敘述自己的人生時，多半聚焦在結婚生子之前的階段，她是如何孜孜矻矻、如何擠進全校的前十名，如何找到眾人歆羨的工作……等等，母親這時的手勢繁複且華麗，她言語架構出的世界，步調緊湊且充滿冒險。

等故事進行經到她與我爸結婚之後，母親的敘事態度變得很平穩，甚至有些呆板、無趣，因為，後半段的主角冷不防地變成了我跟妹妹，故事的軸心繞著我們打轉，這是我母親的故事，她反而退居幕後把舞台讓了出來，屏氣凝神地看著我跟妹妹在上面演出。這或許就是所有問題的根源：我母親從自己的人生舞台走了下去，把我跟妹妹推上場。

*

故事要從永遠算不完的數學習題說起。

父母在管教小孩時，有一個很簡單的出發點是：不希望小孩重蹈自己的覆轍。以我母親的背景來說，在她接受教育時，所有科目的分數都十分理想，唯獨數學一科始終差強人意。為此，她花了更多時間苦讀，投資報酬率卻很低，聯考成績出來，數學一科把整體平均拉低了不少，她與台大擦肩而過。這算是母親求學史上最大一次的滑鐵盧。

即使之後她在大學認識了父親，順利地跟父親出國念書，拿了語言相關的碩士，她仍舊無法忘懷聯考時數學失敗的經驗。因此，在我這個大女兒出生的前後，母親已經擬定了一套很有系統的學習模式。她的出發點很好理解：只要我比一般的小孩更早接觸數學，耳濡目染之下，絕對會有很出色的回饋。

我還很小，可能還無法順利抓握物體的時候，母親已嘗試著教我簡單的加減原理，素材可能是隨處可見的紙花與糖果，或者是散步沿途的行道樹與小鳥，這種活潑的起頭很吸引人，我很快便便理解了加減的規則，在我進入幼稚園時，三、四位數的加減已經是駕輕就熟。母親不以此為滿足，她很快地提高了難度，進入乘除和四則運算，生活化的教材不再容易尋找，母親從坊間買來她認為「很有趣」的數學習題，先把題目瀏覽一遍，勾選她覺得有價值的題型給我練習。對五、六歲的我而言，這部分的學習有點難度，我混淆了一些符碼的意義，出錯的機率也越來

越高，母親從來不掩飾她的失落與沮喪。相反地，只要我答對的機率很高，母親也不吝於綻放微笑，拍拍我的肩膀，贊許我的聰穎。

母親兩極化的反應，讓我成了一個非常好勝、得失心很重的人；此外，為了和喜怒無常的母親相處，我變得很敏感、很擅長察言觀色。這些人格特質的好壞，長大後很難分說，但以一個不到十歲的孩童而言，我相信是太沉重了。

進入小學之後，我立即展現出高度的運算優勢，看到同儕被簡單的數學習題難倒，我很訝異，也終於正視到自己在數學這一科的確領先他人不少。我的心中充滿矛盾與衝突，有時，我埋怨母親分派的功課太繁重，有時，我又感謝母親的先見之明。

因為我其他學科的表現不是很突出，數學一科是我成就感的主要來源，久而久之，我發自內心地喜歡上這個科目，會自己安排更高階的題目，母親很滿意我的主動，日子久了，她對數學這一科的干預也少了。

但這不代表她將鬆綁對我的規劃，母親為我開闢了第二個戰場：英文。

母親的英文非常流利，她天生語感就好，又在美國拿語言相關的碩士學位。母親相信，只要在英、數這兩科拿下頂尖的成績，在台灣的教育體系下就能無往不利。因此，在既定的數學

習題之外，我的每日例行事項又多了背單字跟閱讀英文小說。

很遺憾的，我沒有遺傳到母親的語感，第一千個單字還算簡單，我很快地背熟了，進入第二千個、第三千個單字後，我的進度有些停滯。英文是母親頗有心得的領域，她在這方面的要求當然更嚴苛，我的數學不勞她操心，她便盯著我的英文。我越是心急，就忘得越快。

隨著年級往上升，母親「見賢思齊」的心態也跟著升級。只要我身邊出現了很會讀書的小孩，母親會急著去請教那位同學父母的教育方針，並且迫不及待地在我身上實施。母親在翻閱報章雜誌時，花最多心力閱讀的無非是教育一欄，她會找一些參與數學、英文競賽獲取高分的報導，剪下來，註記他們獲取高分的關鍵，要我讀那些重點，確定我看完了之後，她會很慎重地問我：

「看完這篇文章，妳有什麼心得？有找出妳在背單字時犯了什麼毛病嗎？」「現在，妳知道妳計算的數學習題不算多了吧？比妳認真的人多得是！」

母親想用他人的例子來激勵我。

然而，在當時的我耳中聽來，這些話語都在講同一件事：我不夠好。

我小四、小五左右，發生一件很經典的事件。姑姑和姑丈因出國得一個月，他們把小表妹帶來我們家，請我們幫忙照顧。我跟表妹不算熟稔，年紀相近，倒也很快地玩在一塊。那時，我媽抱回好幾本英檢的題目，想要檢驗我的程度。有一天，我下班回來批改我的考卷，那回的試卷是我比較不擅長的助動詞，我犯了一個很基本的錯誤，還一犯再犯。母親臉色沉了下來，叫來電視前的小表妹，把鉛筆交給她，要她寫看看這些題目。

小表妹遲疑了一下，看了我一眼，但在我母親有些緊迫的注視下，她硬著頭皮著手回答那些題目。小表妹有在補習班補英文，幾分鐘後，她交出自己的答案。

母親上下瀏覽了一會，神色更難看了，她轉向我，音量高亢起來，當著小表妹的面，把我從頭到腳給數落了一頓：「妳看，人家表妹小妳一歲，花的時間比妳短，錯得比妳少，妳在寫題目時，有認真想過我之前教過的文法嗎？妳是不是在敷衍了事？」

小表妹沒有看我，她雙手抓緊自己的裙子。

我垂下頭，一股不快的情緒在胸中擴散。

一條鴻溝在我與小表妹之間形成，她找我玩，我冷冰冰地回應，幾次下來，小表妹似乎理解了什麼，轉身投向電視，不再找我說話了。我以為我會很高興，然而並沒有，我反倒更厭惡

自己。姑姑來接小表妹的那一天，她站在玄關，轉過身來，有些緊張地伸手跟我道別。

至於我的回應呢？我忘了。

小表妹之後的發展和我有些類似，一路念著第一志願，大學甫畢業，拿著豐厚的獎學金出去。這代表什麼呢？代表我與小表妹均是非常出色，我們都是好孩子，沒有相互比較的必要。

但在我們很小的年紀，我的母親卻把我們放進同一個籠子裡，宣布只有一個人可以走出來，小表妹走了出去，我卻被留在籠子裡。這件事情傷我很深，近二十年了，我還可以清晰地描繪出，在我被母親斥責的當下，我與表妹的視線，在空中短暫交會了一秒。

她看我的眼神帶著同情。

＊

國小畢業後，我進入某國中的數學實驗班就讀，之所以稱為實驗班，是為了迴避能力分班的爭議。實驗班裡頭人才濟濟，我的排名不若國小時代頂尖。這是我第一次發現到自己的渺小。

我有些緊張，我媽也是，她對於我名次的得失心加劇了。不分大考小考，母親從我的書包翻出每一張英文與數學的考卷，很有耐心地追問我：「班上平均是幾分？」「最高分是多少？」「比

妳高分的有幾個人？」「妳有想過為什麼這次會退步嗎？」假使人生是一部字典，讓母親挑出她最熱愛的兩個字眼，我想結論很可能是「檢討」與「進步」。

母親很擅長給小孩創造一個美麗的藍圖，內容不一而足，可能是在幾歲要考過全民英檢中高級，數學競賽要在校內取得怎樣的名次，考進哪一所頂尖大學，或是從事某個光鮮亮麗的職業等等。為了確保我正在往這個方向前進，她研擬出一系列的待辦事項。母親不是沒有開過商量的大門，但我很少成功地改變她的想法，百分之九十九的情形是，我深受母親所構築出來的美好藍圖所吸引，也相信那才是對我最好的安排。

這也是事情演變到最後越來越複雜的成因，我也被說服了，接受了母親的說法，既然我這個當事者毫無掙扎的跡象，旁觀的他人當然不會自討沒趣地跳出來，質疑這些安排的合理性。

認真說來，順從從來不是母親最渴望的親子關係，但一旦我們表現出順從的姿態，母親的表情會很和悅，我跟妹妹也能避掉抗拒所附帶而來的冗長的嘮叨與碎念。長期演變下來，順從成了我跟妹妹最明智的選擇。面對母親不斷膨脹的美好藍圖，我們不再細想，點頭說好。

母親漸漸覺得她是對的，所有逸脫計畫的事物都是不合理的、對小孩有害的。

母親不只一次表明，她不喜歡虎媽那套高壓教育的方法，那會損及小孩的獨立與自主。母

親想成為開明的母親。不過，她在不知不覺中，也走上了類似虎媽的路。

最鮮明的例子就是國二那年，學校舉辦一個「閱讀與寫作」工作坊。我的國文向來很差，對於中文閱讀與寫作也毫無熱忱，但我的好友和我心儀的男生都參加了。晚餐時，我向母親表明自己想參加這個工作坊的意願。

母親聽了，眉頭折起來，很明白地告訴我：「妳不需要參加這個工作坊，國文這科不重要。」

再說這個營隊會佔去妳三天，妳這三天的數學跟英文進度怎麼辦？」

我再度進行遊說，跟母親介紹這個工作坊的師資多麼難得、課程的規劃多麼鮮活，說到最後我的口吻幾乎是哀求了。

母親沒再理睬我，她轉頭去和父親說話。

我拿不到報名費，報名截止當天，我只得把申請單揉成一團，丟進垃圾桶。

相同的狀況也出現在高中。我就讀的高中，留校晚自習的風氣很盛行。升上高三後，我跟母親溝通，放學後想留在學校讀書。母親不假思索地否決了這個提議，她很堅定地告訴我：「妳在學校坐了一整天，上了八堂課，已經耗去不少精神，晚自習只有一個小時的用餐和休息時間，

根本不能放鬆，接著讀下去也沒有效率。不如回家悠哉地吃頓晚餐，睡個三十分鐘再讀書。」

我跟母親說：「有很多人留晚自習，一起讀書的氛圍似乎不錯。」

母親回說：「妳沒有顧慮到自己的身體狀況，我說過了，晚自習不適合妳。再說，這麼多人留晚自習，教官只是偶爾巡邏一下，你們一群人難道不會聊天、分心嗎？家裡這麼安靜，又是妳的家，我搞不懂，妳何苦要捨棄這麼良好的讀書環境？」

我還想再多說些什麼，母親又說：「別說了，這件事就這麼定了。」

在母親的心目中，一個決定的做成，只要小孩子有發表過意見，做父母的就符合「民主」的條件了。這同時也暗示了一個危險，母親認為她不必認真聆聽孩子的意見。

母親有一點說錯了，家裡並不安靜，還很吵。

我準備考大學的那年，父母之間的關係因為對妹妹的教育理念發生了歧異而降到了冰點，每個晚上，我在書房挑燈夜戰，他們刻意壓低的爭執聲一而再、再而三地飄過來，我被干擾得無法專心。

有一天，他們結束了齟齬，將近八點時，母親宣布開飯。

我放下書本，前往飯廳。為了緩和餐桌上緊繃的氣氛，我開了一個話題：「我最近整體成績提升了，因為我花了一點時間練習作文，國文就進步了。」

我媽瞄了我一眼，嘴角掛上她擅長的冷笑：「國文是一點也不重要的科目啊，不是嗎？」

她沒看著我，是以沒發現到我臉上凝結的笑容。

母親一邊咀嚼著飯菜，一邊含糊地說道：「我勸妳不要再浪費時間了，與其練習作文那種輕易就能上手的東西，不如檢討一下妳的英文寫作，妳的英文作文不是始終卡在十六分上不去嗎？還有，妳的數學也不能大意，別忘了，妳跟別人不一樣，別人但求個七、八十分，妳至少得拿個九十、九十五，才不枉費我自小到大對妳的栽培。」

母親越說越起勁，我體內的一條線也扭得越來越緊。

她的長篇大論進行了二十分鐘，或者三十分鐘，啪拉一聲，那條線斷了。

我站起身來，話語一串串爭先恐後地從我嘴巴中竄出來：「妳可不可以收斂一下啊，大事小事，只要稍微不順妳的心，妳非得拿來說嘴不可。我國文作文進步，給個讚美很難嗎？這也能牽扯到我的英文作文跟數學，妳的控制欲真的很恐怖。妳老是跟別人介紹說妳是個很開明的父母？妳真的是嗎？我很懷疑。我倒覺得班長的母親比妳開明多了，不論班長有什麼意見，人

家母親都盡量給予尊重。我很羨慕班長，他有一個真正開明的母親。」

這席話似乎啟動了母親內心世界一個不知名的按鈕，她的臉上浮現出我從未見過的驚駭，幾秒後，她恢復沉著，不疾不徐地說道：「那妳知道其他家長在小孩不乖時，是如何用拳腳教訓他們嗎？我沒有打妳，凡事努力跟妳講道理，妳有什麼想法，我也不是不聽，我那麼用心在關注妳的學習狀況，妳可別不知感恩。班長？他的事妳實際懂了多少？說不定人家的父母根本沒在教，妳不懂，還把事情美化成『對小孩的尊重』，不覺得好笑嗎？」

根據過去我跟母親來往的習慣，此時我會閉嘴，放棄掙扎。

但那天很奇怪的，我怎麼樣也管不住自己的嘴巴。

「妳以為沒有對小孩動手動腳，就是好父母了？非得身上臉上有個淤青傷痕什麼的，才能代表小孩受傷了嗎？妳真是自以為是，妳以為妳對我的諸多控制，不算是傷害嗎？」

「看來，我不打妳，妳還真會忘記自己是多麼的身在福中不知福。」

母親站起身來，往廚房走去，她再次出現在我眼前時，手上多了一根棍子。

那根棍子好久不見了，我以為母親早已丟了。

棍子朝我飛了過來，我接住了棍子，同時，下意識地朝我母親揮出一巴掌，但在場面即將

失控的瞬間，我以殘存的理性縮回了手，只是指甲擦到母親的臉。

母親愣住了。

我也愣住了。

我看著自己的手，彷彿這是他人的手。

「妳居然想打我。」母親撫著臉頰，一臉不可置信地瞪著我。

我看著她，心中浮現一絲罪惡感，但與罪惡感一起出現的，是解脫。

我終於反擊了。我不後悔，心底分外雪亮，我跟母親遲早會走到這一步的。

母親流下眼淚，看著我說：「妳讓我好心寒。」

目睹整個過程的父親冷不防地衝上前來，甩了我一巴掌，要我向母親道歉。

我一點也不意外，這是父親標準的作風。

現在，我想花點篇幅來說說我的父親。

我的父親人很好，他具備許多宜人的人格特質，諸如誠懇、隨和、老實、孝順及埋頭苦幹……等等。我的祖父母對這個兒子讚不絕口，與父親共事過的同事會說他是令人愉快的合作夥

伴。但我的父親有個小小的缺點：他很厭惡處理他人的情緒。

偏偏他又娶了一個聰明美麗、卻也非常情緒化的女人。

每逢母親陷入顧影自憐的情緒之中，父親慣行採取的策略是防堵。他給母親所有她想要的，藉此來平撫母親的不滿。父親最常告誡我們姊妹的，絕不是什麼做人的大道理，而是「我出門工作了，要乖，聽妳媽的話，別惹她生氣」。

父親的縱容養大了母親的脾氣，在某程度上，母親像是個小孩，她非得到她想要的東西不可。現在，她要我的服從，我不給，父親只好跳出來，甩我一巴掌，要我交出我的服從。

最圓滿的結局該是我識相地跟母親道歉，但我沒有，我走入房間，甩上門。

有一個角色，從頭到尾都沒吭聲，就是我妹。

那日過後，我跟母親沒再說話，前後有兩、三個月，我們的對話始終停留在日常庶務上。

大考前一個禮拜，我反覆地發燒退燒，考期越近，身體的毛病越多。考前第三天，我在學校險些昏厥過去，校醫把我送去急診，並請母親直接在醫院跟我會合。

我接受了抽血檢驗，醫生說，我的白血球數值很不尋常，必須靜養二到三天。

聞言，母親一把將我摟入懷裡，激動得哭了起來。

考試當天，母親跟隨我和父親走到地下室，坐在副駕駛的位置上。

以我跟她的默契，這就是示好的象徵了。

和好不久，母親又故態復萌，只要我稍微冷落她的情緒，她就會吐出傷人的話語。「妳真是我見過最自私的人」、「祈禱妳的友人沒有發覺妳的本性」、「沒有我的栽培，妳覺得憑妳自己的實力，有辦法考出這麼優異的成績嗎？」

我又頻繁地做起噩夢，夢境很一致，我和母親起了爭執，我再次對她伸出拳腳，母親滿臉絕望地注視著我，而我在夢中不停地向她道歉。

醒來時我往往淚流滿面。

我不禁想念起冷戰的時刻，那時，我是自由的。

※

現在，故事的第二主角──我妹要出現了。

有鑒於我在國小即立下顯赫的戰功，母親不假多想，完全比照教育我的方式，給她設計了

一系列的補充教育。母親很樂觀，她堅信自己可以複製出第二個成功的小孩，甚至更好。

我妹與我，無論在外表、個性和天賦上，均有著天壤之別的差異。

她活潑、好動，我則內向、文靜。

我可以忍受整個下午蹲在書桌前只為了解出一道數學題。她完全沒辦法，她太容易被外界的事物給吸引，可能是一朵奇形怪狀的雲、窗外的鳥鳴或是刺耳的喇叭聲；你把筆交給她，她不會用來算數學、寫單字，她會送給你一張畫，我擅長邏輯，我妹則專注在事物的美感上。

我覺得這樣沒什麼不好，世界需要我這種人，也需要我妹那種人。

母親對妹妹的反應感到徹底的失望。

沒錯，就是失望，她對我是失望，對我妹是徹底的失望。

母親用苛刻的言語去攻擊妹妹的「不受教」，好幾次，母親出了作業，妹妹不願意寫，索性翻抄答案，在母親識破妹妹的敷衍時，妹妹會展現出詭異的倔強，不惜捏造出一個比一個還天馬行空的藉口，來正當化、合理化她翻抄答案的行為。

妹妹的閃躲強化了母親的怒氣，母親把妹妹打得死去活來，妹妹哭得很慘。可是，下一次，

妹妹依然翻抄答案，母親依然把她打得鼻青眼腫。類似的橋段上演了好幾次，幾乎到了令人厭煩的地步。

我在心底質疑，為什麼妹妹不誠實一點，向母親表明：我就是不想寫妳出的作業。

有一天，在母親起落的棍棒中，我看懂了我妹，她接受的是跟我一樣的教育，一樣的訓誡，她也跟我一樣生怕母親傷心。所以，妹妹寧願挨揍，也不願把矛頭指向母親。

我看懂的那一刻，也只是站著，繼續看妹妹被打，沒有更進一步的行動。

我不敢幫妹妹說話，生怕被波及。

我忘記一件很基礎的道理：人的忍耐是有極限的。

升上大學，搬去住宿舍，跟家人的距離遠了。在我著迷於嶄新且亮麗的大學生活時，妹妹的個性也產生很劇烈的改變。她開始花大量時間打理自己的外表，課業也一落千丈，最後，她瞞著父母一再翻牆翹課，跟著新認識的朋友不知上哪裡去。

妹妹自小是個美人胚子，上了高中更是出落得得美好出眾，加上穠纖合度的線條，很快地便吸引到一票追求者。妹妹活在一個冷熱分明的世界裡，她在家中是個飽受母親譏嘲的苦情角

色，到了外頭卻是眾星拱月的風流人物，一群年輕男孩為了得到她的青睞而爭風吃醋。

妹妹流連在外的時間越來越長，門禁成了個笑話。

母親不時向我報告妹妹的異狀，我意興闌珊地聽著，一心只想著如何掛斷電話。

我很滿意自己的大學生活，不願再分神去想家中的事。

大三升大四那年，我在一場比賽中獲得很好的名次，成績公布之後不久，母親打電話要我回老家一趟，說大舅要請我吃飯，為我慶祝。

席間的對話很愉快，小表妹是個開朗、甜美的小可愛，時常把大人逗得哈哈大笑。小表妹是試管嬰兒，夫婦倆將近四十歲才生下這個女兒，他們非常寶貝她。

聚餐進行到一半，舅舅指著我，低頭跟小表妹說：「妳看，人家姐姐是念台灣最好的大學，去比賽又得到那麼厲害的名次，哪像妳啊，一聽到讀書哦，整張臉就皺成一團。」

小表妹拉著舅舅的手腕，發出甜膩的撒嬌聲：「哎喲，不要一直說成績的事啦，好煩哦。」

「都不曉得該怎麼說她了。」舅媽苦笑道，可是她的眼中是滿滿的寵溺。

「沒關係啦，成績又不是最重要的，讓小孩開心成長也不錯啊。」母親順勢說道。

這時，一旁的妹妹發出一聲嗤笑，聲音大到眾人想裝作沒聽見都很難。

我的眼角餘光瞄向父親，父親沒說話，低頭扒飯，筷子划得飛快。

母親站起身來給小表妹舀湯，表情有些凝重。

為了化解尷尬，舅舅講了一個笑話，我跟父親捧場地乾笑了幾聲。

很不幸的，妹妹不打算放過大家。

她把碗筷重重地往桌上一放，直視著母親。

「妳平常不是最喜歡說，誰家的小孩成績那麼爛，要我千萬不能淪落到那種地步嗎？現在，小表妹的成績糟透了，妳竟然沒有意見，這不是妳的真心話吧？」

眾人停止了咀嚼。

「妳給我閉嘴。」母親氣得雙眼脹紅。

妹妹的嘴角扯了扯：「我又沒有說錯，我說的是實話，是實話為什麼我要閉嘴？如果我考出跟小表妹一樣的成績，妳有辦法接受嗎？妳一定覺得我的人生要完蛋了吧，怎麼可能像現在這樣雲淡風清地說：『成績不是最重要的』？」

在那一刻，她的側臉、她的輪廓、她揮舞雙手的姿態，無懈可擊地像極了我媽。

我有些忘了這頓晚餐是怎麼結束的。

舅舅一家人可能嚇得隨便找個藉口，匆匆結帳告辭了。

看著渾身是刺的妹妹，我既感到陌生，也很愧疚。

我跟父親沒兩樣，為了安撫母親的情緒，情願犧牲妹妹的權益。我常拜託妹妹識相一點，少花點時間在外表，多花些心力念書，盡早把排名拉到好看的數字，好讓母親開心一些。

另外一個更糟糕的心態是，我很慶幸媽媽把大部分的注意力集中在妹妹身上，讓我能喘口氣，多做一些我喜歡的事情。

這場不歡而散的慶功宴，令我對於家庭的無力感更深了。

＊

我要搭機出國的那一天，發生一件很特別的事。

雖說是下午的班機，但我六點多便起床了，環視著自己的書房，回想起這十幾年來的點點滴滴。

我在書桌上找到一紙信封，裡頭是一本日曆和幾張母親的信。信中母親寫著，我在國外的

日子，應該常常寫信給她，並在年曆上註記我寄信的日子和寄信當下的心境；同樣的，她也會

在自己那本日曆上註記收到信的日子和讀信當下的心境。信末，母親說，待我回國的那天，可

以一起玩味這幾年下來我們母女倆互動的足跡。

我的心為之一沉，濃烈的厭惡感如潮水般一波接著一波湧起。

好不容易可以拉開我們的距離，母親照樣可以想出方法來提醒我她龐大、不容忽視的存在。

母親走進房間，看見我手上握著那封信，綻開微笑。

「如何？這個點子很有趣吧？」

這句話把我拉回了童年。

母親總是希望我可以讀更多書、練習更多習題。

為了降低我排斥的可能，她會嘗試用比較詼諧的方式去激勵我的學習意願。

以英文為例。

背十個單字，並且嘗試把它組織成一篇文章。

想像自己要取悅一位外國貴賓，必須翻譯一則笑話。

用英文玩故事接龍。

之後，母親總是這麼說：「如何，這個點子很有趣吧？」

這樣的學習手法固然有趣，但在這小孩已經做了很冗長的練習之後，再怎麼好玩的遊戲也會索然無味，小孩的玩心盡失，只想躺平休息。

母親沒有注意到這點，仍樂此不疲地設計「她認為有趣」的遊戲，為了不讓她失望，我會強打起精神，假裝這一切很好玩，到了青少年時期，我的演技已爐火純青到足以角逐奧斯卡了。

我回到現實，告訴自己我已經二十三歲了，不用再忍耐了。我聽見自己的聲音冷硬且疏離：

「這一點都不有趣，很無聊，我不想參與。妳別想再控制我了。」

那一瞬間，母親的容顏枯萎了。血色飛快地自她的臉上褪去，她僵硬地點了點頭，安靜地轉身離開房間，過程中她沒有說任何一句話。她沒有因襲過往的模式，哭鬧、歇斯底里，編派我的過錯，膨脹自己對這個家庭的貢獻……等等。她沒有，只是離開這個舞台，她的背影看起來是多麼的孤寂。當她停止大吼、停止用戲劇化的技巧去鋪陳她的痛苦，我反而看到母親最真實的一面：她很寂寞，她希望我們多重視、多親近她一些。

我的母親，將家庭視為她的成果，將自己的兩個小孩放在自己生命最亮眼的重心，她泰半的時間與精神，都花在我與妹妹身上，希望我跟妹妹成為成功人士，對社會有所貢獻。

在這樣巨大的善意之下，悲劇很容易隨之誕生。

首先，母親忘掉她也是個妻子、是個同事、是社會上的一員，甚至是她身為「自己」的身分，她太執著於扮演好「母親」這個角色，在這個關係中，跟她對話的演員只有我跟妹妹。只要我跟妹妹的回饋稍微不符合母親的期待，她的情緒就掉下去了，接著她會把這份失望轉移到我們身上，我跟妹妹的日子好壞完全取決於她個人的陰晴悲喜。

其次，母親對於「成功」的認知太狹隘了，她定義中的成功，就是在學術上、職業上取得穩定、可供辨識的成就。至於美感、人與人之間的情感，生活中那些瑣碎而美好的小事，母親覺得這些都是次要的，花太多時間就是浪費生命。我幸運一點，一個側身，僥倖穿過了這麼狹隘的縫隙，妹妹慘一些，她跟母親的標準格格不入，自信心近乎全毀。

母親在教育兒女的過程中，帶給我和妹妹不可計量的傷害，但都無法磨滅一個事實：她很

想要把我們給「教好」，她比任何人都熱中做母親，讀了很多親職教育相關的書，也不吝嗇去請教他人。但有一點毋庸置疑，她確實是愛著我跟妹妹的。

只是她不知道該怎麼愛我們——這兩個出自於她、但又和她不同的生命。

繞了這麼大一個彎，可以用不同的觀點看我的母親，經年以來困住我的牢籠應聲而開，終於有光透進來，彷彿聽到有誰在說：從今天起，妳自由了。

懷抱著仇恨是很累人的，尤其對方是生你的人，這一切將更加磨人。

*

如今，外人看我的眼光仍然滿溢著歆羨與崇拜。他們看不見這個家庭底下的暗流，只看見光華燦美的表象。在我和母親共同出席的場合，有時是母親，有時是知情的親戚，總是有意無意地提起我的成就、我獲得的獎項以及我申請國外大學的輝煌成果，觀眾的雙眼於是發亮，向我母親進一步請益她的教育方式。母親也會好整以暇，大方分享她的心得。

「每天給他算十到十五題的數學。」

「一早起來，精神最好的時候，聽三十分鐘的英文廣播很有用！」

「必須尊重小孩子的意願，然後把題目設計得很好玩。」

我曾經仔細觀察那些家長專注聆聽的容顏，想到一段過去，祖父罹癌時，舉家上下掀起一波「抗癌」的熱浪，只要聽到哪裡有抗癌成功的例子，全家就不計遠近地跑去取經，毫無篩選地把對方的想法照單全收。那幾個月，家中堆疊著厚薄不一的養生食譜，分別由自稱「抗癌成功」的不同人士所提供。祖父逝世後幾個月，我私底下拿這些食譜請教醫生，醫生看了幾眼，沒說話，只是搖了搖頭，嘆了口氣。大概想說祖父都走了，多說什麼也是枉然。

我在那些家長的臉上，看見似曾相識的神情，感到不可思議。他們真的相信在生活中安插進一、兩個「優良讀書習慣」後，小孩的成績就能突飛猛進嗎？在實施這些方法時，他們有尋思過這個小孩的個性、天賦嗎？最重要的是，他們有把小孩的主張納入考量嗎？

一如我偷偷想過，祖父被餵食那些單調、無味的養生餐時，他快樂嗎？很多時候，我記不得我們究竟在討論一個人？一種疾病？或者一種教育形式？我到今天還是無法釐清，祖父的身體到底是被癌細胞給吞噬了？還是被之後數不盡的治療偏方給淹沒了？教育亦然，真正打擊

297　　　　　　　　　　　　　　　　高材生的獨白

到小孩的，是成績本身呢？還是家長們看待小孩成績的評價與目光？

我媽不壞，她相信每個小孩子有其潛質，家長的工作是開發孩子的潛質，好讓小孩的潛質獲得最佳化的發揮。但她沒想過開發過度的後果是：小孩自主學習的樂趣被剝奪了。

之前，我提過了，母親很不樂見虎媽的教育風格，她想成為開明的父母，給小孩子發言的機會、注重孩子的情緒等等，這是她的說法。我長大一點後也發現了，母親是有給我們發言的機會，但納入參考的機率很小；她注重我們的情緒，但她更要求我們注重她的情緒。

直至今日，她仍認為她是民主、開明的母親；她仍相信我的成就來自她的教育方式，但我們不談妹妹，妹妹是她至今解不開的一道難題。

我不禁想，我們服膺一套教育方法，往往是因為這方法教出了「一個」成功的小孩，坦白說，這樣的想法其實很空洞。把小孩好的壞的打包成一團，再歸因於「父母的管教」，不僅忽略了其個人特質，也忘了把他所處的環境納入考量。一樣的教育方法，可能打造出一個世俗眼中的成功模範，也可能將一個小孩的天賦摧殘殆盡。只是這些小孩的故事沒人關心，人們不喜歡失

敗的例子，只想傾聽教教育神話。

妹妹到現在仍是個偏激且憤世嫉俗的人，她很抗拒「教育」這件事。

她的成績不差，只是母親給她的挫折感太大了，她不得不放棄讀書，轉向外界尋求成就感。

小孩不是滿足家長欲望、想像的容器，或者是載體。

也不是黏土，任由家長恣意妄為地往自己喜愛的方向捏來揉去。

矯情一點說吧，小孩子有自己的生命，他們屬於自己，不是家長或任何人的所有物。

這是我在親子關係這門學問中，掙扎了近二十幾年的一些心得。

*

我知道，各位讀者在等候一個我與母親大和解的圓滿結局。

這也是我過去好幾年試圖營造的結果，我常在期待，有一天，我可以徹底忘掉母親帶給我的諸多傷害，以及她是如何造就我個性上的黑暗面，真希望我能夠再次擁抱她。

我也發現這很難。

與我母親相處時，我還是會下意識地全身僵硬，戒慎地觀察我母親的一舉一動，猜測她之後可能要說的話，並且在心裡做好防範。在她面前，我永遠是個自卑、生怕自己無法取悅她的小女孩。我很少回家，一旦站在家門口，也需要花一段時間克制掉頭離去的衝動。

我很幸運，在感情上，擁有一位交往多年的伴侶。

我的伴侶非常有耐心，他花了很長的時光去梳理我個性上的缺陷，也很能理解我母親的教育方式，對我的個性造成的衝擊。每次，我因為母親的指責陷入自卑時，他會溫柔地勸哄我，給我讚美，讓我從黑暗中走出來。宛如施展神奇的魔法，不管怎樣，他都可以找到我內心那個來不及長大的小女孩，給她安慰，告訴她：「妳是個好孩子」。

他想要小孩，可是我很害怕。

我跟他坦承心中的畏懼，我很擔心自己複製出一模一樣的悲劇。我幻想過不下幾十次，有朝一日，我的小孩站在我面前，口中吐出：「妳的控制欲真是太恐怖了。」

單是想像這個場景，我就窘迫得無法呼吸。

母親造成的傷害實在太深刻了。

我跟母親試圖和解了無數次，但好光景維持不了太長，在親密且頻繁的接觸一陣子後，我們會分別憶起一些過往不愉快的場景，疙瘩又全數長了回來，我們再次變得疏離了。

這樣和解、疏離的反覆過程很煎熬，也很諷刺，越是急著修補，就越可能製造新的傷害。

和母親將近第一百次的和解失敗時，我決定寬恕自己，和解或許可行，但不是現在。

我很有可能一輩子都忘不了自己急著討好母親的卑微心境、母親扔擲在我身上的否定言語、那些無以名之的憤怒與情緒、母親帶給我的種種創傷、那些諸如此類的情事。

但我還是可以隔著一段距離，關懷我的母親，並許願她一切都好。

這就夠了。終究我們不是在演戲，這是人生。

# 莫失莫忘。

有沒有一個可能是，我們的社會把「親」與「子」綁得太緊了？

在怪獸家長的背後，不過是站著一個膽怯的、害怕犯錯的人啊。

這篇並不存在於原先設定的大綱中，然而，許多友人看完草稿，一致的回應是：妳該著手寫妳自己了。其中一位朋友說法很美：「妳必須跟妳教過的小孩一起站在舞台上」，這是對他們的交代，也是一種公平，因為你們一起站在舞台上」，這句話深深打動了我。

要說我的故事，得先從我的母親說起，否則這個故事就是殘缺的。

我的母親，生於澎湖一個家徒四壁的漁夫之家，她是七個小孩的長女。「七個小孩」、「長女」，基本上這兩組關鍵字已充分交代她之後的命運：她得為這個家犧牲奉獻。母親的父親，我的外公，是一位典型的漁夫，成天與陰陽莫測的海浪爭鬥。漁村中很常聽到一句話：「誰昨天去捕魚，再也沒有回來了。」母親說過，外公每一次補破網，同時也在補他的勇氣。至於不下海也不補破網的日子，外公則縱情於酒國——一個沒有海浪、也沒有生死的國度。

母親學習能力極好，即使因為家境困厄而顛沛流離，她還是在前後換了三所學校之際，穩定維持第一名。她小學畢業之時，導師親自前往祖父家為我的母親說情，請外公讓她繼續升學。

外公告訴那位天真的導師：「她是長女，她得出去工作賺錢。」躲在門後的母親聽了，無聲地

你的孩子不是你的孩子

掉下眼淚，拔腿奔去家中附近的小坡大吼。回家時，她面無表情，認了身為長女的責任。

第一份工作在罐頭加工廠，裡頭冷氣很強，母親被凍得發育不良，快十七歲了才來了初經。工作幾個月，母親偷偷報名夜校，拜託同事代班，摸黑去上課。沒上幾堂課，被外公發現了，責怪母親不認真工作，把母親痛打一頓。母親自此斷了讀書的念頭，賣命工作。

十五歲那年，母親獨自飄洋過海來高雄工作，一口澎湖腔讓她飽嘗不友善的對待，母親不介意，白日賺錢，夜晚拜託一個友人教她說台灣人說的話。幾年下來，母親把澎湖老家九個人，一個接一個牽來台灣本島，在她能說出一口漂亮且「正確」的台語後，母親開始習字。一天，結束一天至少八、九個小時的工作後，用餐盥洗完畢，母親就著微弱的燭光，拿起報紙，左邊擺著一本辭典，一個一個字開始認，並在報紙餘白寫滿了她新得的字。

現在，母親的識字能力非常好，完全是受過高等教育的水準。

為了原生家庭，母親不停地工作，直到年歲大了，才倉促嫁給了父親——一個完全不適合走入婚姻的人。這也是我多年下來的感悟，有些人就是不適合走入婚姻，或者為人父母。但在二、

三十年前，一般人不會想得這麼遠，他們覺得只要孩子生下來，把孩子帶來人世間的男女自然能勝任父母的角色，這實在是很天真的幻想。

母親在懷我的十個月中，已差不多做足了為人母親的心理準備；而我的父親，他或許直至今日仍尚未意識到身為父親的重量。在我的記憶中，父親愛我像愛一個玩具，興致一來就抓過去說幾句話，興致走了便逕自逍遙去，把我擱在後頭。我升小四那年，一回父親結束午睡，他那天心情不錯，叫我過去陪他聊天。第一句話就問我：妳現在在二年幾班啊？我瞪大眼，像是一枚錘子掉入心的最深處，我沒好氣地告訴他：我升四年級了。

父親他之所以生子，純粹是出於社會的規範，一個男子到了三十歲理該有個孩子，他於是有了我與弟弟。可是他始終沒有想過，「父親」兩個字不過是個骨架，要想方設法填入血肉、甚至賦予精魄，這個角色才能活過來。是以，父親之於我的人生，存在，但也不存在。他雖到場，可是永遠不參與討論，只是雙手抱胸，好整以暇地等著母親把我們加工成乾淨懂事的小孩，唯有如此，他方有可能跟我們說上一段話、共度一段時光。

母親說，父親是「成了婚的單身貴族」，這個譬喻很好。

＊

母親活像是個單親媽媽，一人經手我與弟弟的大小雜事。難能可貴的是，她做得非常理想。

母親的童年很短，教育又匱乏，成婚之後，母親不用汲汲營營於掙錢，她一有餘裕，就帶兩個兒女去書店轉轉。母親會先挑一本書，凝神讀了起來，母親一陷進去，那就完了，至少三十分鐘起跳，我跟弟弟只得在茫茫書海中，揀選一、兩個可以共度半小時的對象。

我跟弟弟一開始挑的是圖畫書、文字很少圖片很多，兩個三、四歲的小孩一起看，一起天馬行空地討論。母親有時會放下手上的書，走過來為我們念上一段，念的時候她的指尖會跟著字走。一個字出現了五次、十次、更多次，有一天你發現自己懂它了。母親很少停在一個字上，嚴肅地告訴我們：這個字是小、那個字是大。沒有，她只是為我們說故事，沒有強迫，也不計較我們今天學了什麼，她只是為我們說一些有趣的故事。

偶爾讀到一半，書店要打烊了，我跟弟弟就央求母親讓我們買下手上正在閱讀的書。母親的魔法便開始了，她會把那本書接過去，用一種鑑賞珍品的眼光細心打量，沉吟半晌，很正經地問我們：「你很確定，要帶這本書回家，你們真的會讀？」待我跟弟弟點頭之後，她會不厭其煩地再問一次：「你非常確定，帶這本書回家，你們真的會讀？」這時，我跟弟弟多少會面露猶豫，把那本書

取過來，模仿母親，以鑑賞珍品的心態細心打量。有時我們會放棄，說這本書沒那麼重要，有時我們會堅持到底，請母親買下這本書。母親結帳後，會慎重地把那本書交付給我們，同時告訴我們：「知識是很寶貴的。」我們接過那本書，彷彿打了一場勝仗，書是我們的戰利品。

這是我自幼時，誤打誤撞習得的深刻道理：知識是很寶貴的。

很多年後，我聽到「身教」這個詞，對母親的作為恍然大悟。

母親無心插柳地培養了我跟弟弟的閱讀能力，她想讀書、想學字，她把我跟弟弟牽到書店去。她捧書細讀的姿態是如此優雅，小孩有個階段喜歡模仿大人，我跟弟弟極想模仿母親閱讀的優雅。那時，沒有誰在乎閱讀對於我們的人生有多少幫助。母親拜訪書店的次數很頻繁，我跟弟弟捧的書日益增厚。

*

我升上小一，小一的國語對我而言有些太容易。一日，老師把小五的國語課本忘在講台上，要我拿去她的休息室。我邊走邊讀了起來，走到老師面前捨不得放手，老師很驚異，要我念給

她聽，我念了一小段，有幾個字不認識，我跳過去，算是念完了。

當晚，老師打電話給母親，問母親有沒有栽培我日後參加跳級考試的心意，母親很委婉地拒絕了。這通電話的存在，我到高中才知道，知情的當下很埋怨母親，怎麼不給我跳級？這樣我的升學進程會比一般人快。母親罵我：童年已經很短了，只有笨蛋才急著快轉。

這是母親心底的痛處，她的求學時光太短了，國小六年不足以消化她滿腦子的求知欲。

對於才藝，母親的見解也很獨樹一格，她問我：對音樂有興趣嗎？我搖頭。對資優數學有興趣嗎？我又搖頭。母親問我：對什麼有興趣？我說，畫畫。母親把我送去學畫畫，上課前我往往很期待。繪畫沒有成為我的專長，倒是成了我紓壓的管道。

母親從不因成績而讚美我，倒是常常因為我的日常行止而把我痛扁一頓。我國小是個脾氣乖張、跋扈的小孩，老是欺侮老師和同儕，母親時常為此處罰我，她很生氣地告訴我：「一個人成績好但品行惡劣，是一件很糟糕的事情。大腦有東西的人，做起壞事來會更可惡。」

每一次我帶回考卷，母親看也不看上頭的分數，只問我：「裡面的概念妳都釐清了嗎？」

　　　　　　　　　　　　　　　　　　後記

我點頭，考得再糟她也處之泰然，我若猶豫半晌，再好的成績她也不高興。她認為，考試的意義在於檢驗你的學習狀況，考好考壞都是珍貴的資訊，目的是要我們清楚自己的知與不知。母親也不逼我們寫多餘的習題。她很明白，逼急了我們就會抄答案，這不僅浪費了出題者的苦心，也是浪費我的時間。

在此，容我說兩個插曲。我國三念前段班，一晚我念得睡著了，醒來時理化作業尚未完成，到了學校，我心中很掙扎，要不要抄鄰座同學的答案，想到母親的話，我又不敢。老師看我題目沒寫完，數我少寫五個大題，狠打了我五個大板。返家時，左手疼痛腫脹，這是前段班的潛規矩，不打右手，右手是要寫題目的。母親看到我發紫的左手，很難過，問我緣由，我據實以告，母親一時間也亂了分寸，嘆了一口氣，難過得挑不到話說，我猜她心中有些埋怨前段班的作風，但她最後選擇不說。

我讀高中時，又發生一模一樣的情境，我念到睡著了，醒來時數學考卷尚未訂正好，我硬著頭皮去跟數學老師商量，再寬限我一天。我告訴她：「妳要我早交，我只能抄。但我尊重妳的題目，我不想抄。」數學老師答應了我，我以為這件事就這麼過了。

六、七年後，我和這位數學老師聯絡上，她告訴我，我們那次進行的「商量」，對她的教學生涯影響重大，這是她在明星高中任教的第一年，心中志忑。她原初很掙扎，怕給我開了一道方便門，會對其他同學有失公允，好險我只遲交過這麼一次。

不過，我的前例令她沉澱了一下制定規矩的意義，到底是要學生達成「定期繳交作業」的目標呢？還是要參酌一下學生各個不同的狀態？聞言，我很難為情，想不到我的要求原來造成老師如此大的心理負擔；我也很感激，教育說穿了就是兩個人之間的事，一個班級四十幾個人，這麼懸殊的師生比之中，那位老師努力做到了這點，某個瞬間，教育成了我們兩個人之間的事。

這並不容易。

在「她是老師，我是學生」的架構之下，她跨越了這條界線，化作學生、化作我，理解我的出發點，又回去站在老師的立場上，允許了我的決定。許多老師認為此舉是降低格調，我倒覺得這樣的舉動昇華了教育的本質，我很感謝數學老師的坦白。

＊

母親特殊的一點，在於她對「玩樂」、「放鬆」很重視。我國二、國三喜歡打一款戰略遊戲《星

海爭霸》，一天玩一到兩個小時不等。久違的父親再次出場，他砸爛我的鍵盤，轉頭和我的母親大吵一架，怪我母親縱容小孩，瞧，現在她不再是前十名了。

母親立場不變，她告訴父親：在學校上了整天的課，回家放鬆一個小時能有多壞？

不過，母親事後跟我約法三章：妳可以玩電腦，我不阻撓妳，妳只要完成妳的學習就可以玩。妳打電動時千萬要盡興，可是妳讀書時一定要專心，不要再想電動的事情。

台灣家長普遍有個不安是，自己的小孩玩太多了，坐在書桌上的時光太短了。他們鼓勵小孩讀書，不鼓勵讀書以外的事項。造成的後果是：小孩讀書的時候想著玩，是以書讀得七零八落，等到該玩的時候，又想起未完成的作業、未備妥的考試，玩起來又充滿罪惡感。

我只要觀察到學生的讀書計畫安排得太緊張，也會鼓勵他們插入一些休閒娛樂，學生們起初很質疑，他們覺得要讀好書，就得延長自己坐在書桌前的時間，哪有縮短的道理。在我的堅持下，他們半信半疑地進行短程的出走，做什麼都好，總之就是離開書桌，給自己半天的假。回來的時候，他們神清氣爽，念起書來特別甘願。

平衡「玩」與「讀書」的界限很難，很多家長不願做這課題，就想了一個很取巧的方式：盡量壓縮小孩玩樂的時間。

＊

在母親自由、強調尊重的方針之下，我的求學之路非常順遂，在沒有補習的狀況下，考了很好的高中，三年後又考出了很漂亮的成績。可惜的是，我考大學的成績太理想了，母親第一次放棄了她的原則，干預我的選擇。她不要我填外文系，要我填法律系。我們家因為不諳法律吃過虧，我的母親第一次，把她對於未知事物的恐懼以及對於某些職業的幻想，投射在我身上，這成了我們親子關係最大的傷口。

我認真讀書就是為了進外文系，沒想到卻進了法律系。第一年進去，我就後悔了。我讀得很痛苦，眾多專有名詞，眾多來自不同國度的衡量基準，完全被擋在個案之外，不得其門而入。

每一次上完課，回到宿舍，我坐在椅子上，眼前一片灰暗。我的法科成績不惡，但叫我念法律書籍很痛苦；與此對比的是，我的選修科目，諸如歷史、女性主義、西洋文學與藝術……等等，我讀起來很愉快，成績的回饋亦然可觀。

我跟母親說過：「這場比賽，在我奮力跑到終點時，才發現盡頭一片荒蕪。」

母親很懊悔，不停地表示，倘若時光倒流，她絕不干預我的決定。

我跟母親之間有個裂縫，法律系這三個字成了咒語，不能在我面前提起。

大學畢業後，我做出一個決定：「我不要參與律師考試」，我對這項職業沒有歸屬感，黑白袍子裡頭沒有我的尺寸。在做出這個決定之後，當下最直觀的念頭是：我的人生毀了，一百多個學分泡湯了。我註定要被人瞧不起了。

念法律系又不參加國考，在這圈子內，不是太光彩。

\*

我在高中即有擔任家教的經驗，這幾年下來，或許運氣好，手上的案子沒斷過，學生一個接一個，不同的學生來自不同的家庭，每個家庭背後有不同的故事。隨手拿一個案子來說，這案子很有趣，我沒寫出來。那個學生每堂課都巴著我，要我聽他千瘡百孔的求學經驗，以及他多麼喜歡音樂。下課後，他把我拉到鋼琴面前，要我聽他彈鋼琴，我的音樂素養不太足，辨認不出他的技巧好壞，但我聽得出來他與鋼琴所創造出來的空間，是很和諧的。

第十堂課，我在捷運上，突然驚覺這一切太不對勁了，我步出捷運站，往學生的家走，學生已在房間等我，我走去客廳，跟學生的母親說：「阿姨，對不起，我不能教了。我認為把音樂學好，是他的真正需要，也可以做得很好的。」

那位母親很鎮定，沒有停頓太久，她開口說：「我早知道該送他去學音樂，可是我還是想試試他走普通科的可能，妳才來幾次，就可以告訴我這些，可見事情真的很明顯，我會去說服我丈夫的。」之後，她進房去找學生，母子倆很慎重地跟我說再見。

我忘不了那位母親的反應，她在說話時，我清楚聽見她對兒子的愛意。那個學生是獨子，父親在大陸經商，學生說過，父親希望他讀商科，做個商人。

大部分的案子，我不能理解這些家長為什麼要如此對待自己的小孩，在前幾個案子中，我認定這些家長很「奇怪」，隨著我的學生人數往上爬，見識到越來越多光怪陸離的景象，我才轉頭去認定是我的母親很「異常」，她讓我以為，小孩被視為獨立個體是理所當然的事，但在我所生長的這塊土地上，常情並不是這樣子的，家長們更傾向把孩子視為所有物。

我突然很好奇，什麼是教育的本質，我對這有了興趣。

在大學擔任家教，多半是打工性質，遇到跟學生、家長三方之間的衝突時，我不會積極去處理，有幾個案子索性辭職了事。在思索「不考國考的下一步」這段空窗期，我決定先回去做我擅長的事⋯⋯家教。從兼職性質轉為專職，心境上轉變很大。這三年，除了教法的改進，我花

了更多心力看仔細衝突的形成與發生、記錄我與學生的對話、檢討與家長溝通的措詞等等。

更多時候，我了解到自己的無能為力。

我想，他們各自代表了一種「典型」。

很多人問我，妳教過這麼多學生，為什麼挑這些學生寫故事？

例如巧藝，她讓我看見同儕之間競逐家境的心態，以及一對學歷上吃過苦頭的父母，梭哈自己的人生，只為子女換取一個「可能」更有前景的未來；也像是若娃，我為了她，翻找不少過動症的資料，想釐清他者急於撕除的標籤，為什麼成了若娃母親的定心丸，這背後是怎樣的生命經驗？或者眼鏡仔的母親，或者茉莉，他們讓我思索多重角色的衝突，在妻子、母親甚至媳婦的折衝之中，他們最終為了取得什麼，而捨掉了什麼，又是為什麼？

我對茉莉印象尤其深刻。明玉不是個擅長愛人的母親，明玉自己在原生家庭中受到的創傷，或多或少藉著女兒茉莉的人生還魂了，茉莉卻沒有讓這樣的創傷，在女兒小葉身上重演，她走

出了一條新路。我們常說，父母對小孩的愛是與生俱來的，我不這樣認為，至少在茉莉的例子上，

我清楚地看見一個母親，亦步亦趨地學習愛自己的女兒。

還有我不太想提的蔡漢偉。蔡漢偉非常聰明，想法也很偏激，我認識他的頭一個月，他動輒把「好想死」、「我的父母是惡魔」掛在嘴邊。我在他身上投注的心力遠超過其他學生，我想辦法消解他心中對父母長期累積的恨。我認為，他必須和他的父母和解，從仇恨中走出來，回歸自己的人生，去正視他在學校此一社群的處境。在我努力朝這個方向進行的同一時刻，蔡漢偉的父母猶不肯放棄他們的理念：「小孩是我的，我知道怎麼做對他最好」，兩種想法一再碰撞，蔡漢偉最終的結局是我最不能承受的，他的父母花錢與人和解，他被送出去，問題沒有得到解決，反而惡化了。

　　也或者是賈寶玉，我凝視著他的痛苦長達半年。兒子喜歡男生，是賈寶玉母親所恐懼的，她是天生這麼恐懼嗎？倘若我們的社會能接受多元的愛與被愛的可能，她還會這麼恐懼嗎？對於女友以及分手的真正原因，賈寶玉多是避重就輕，我也想過，在學姊心中，這段半年的感情，她有沒有受到傷害？是誰令她受傷了？

＊

在我的成長經驗中，父親是缺席的。我很期盼，有一天我進入一個家庭，在那個家庭裡，

父親不只是經濟上的角色，也是家庭教育的重要一環。我很想書寫一位父親，知悉他的兒女，

一如母親知悉她的孩子。很遺憾的是，或許是華人的定位使然，我走入這麼多個家庭，我沒有

遇見這樣一位父親，大部分的中生代父親，仍把家庭教育視為母親的專職。

我只能希冀，這樣的父親已經存在了，並且越來越多，有一天我會遇見的。

草稿出來後，許多人看了只問，那麼，依妳看來，父母的角色是什麼？

我思索良久，有一點淺見是，或許就類似牛頓的宇宙觀吧。牛頓認為世界好像一個鐘錶，

師傅完成裝配之後，將鐘錶上緊發條，鐘錶即開始自行走動，也就是說，上帝完成創造之後，

即退居幕後，而人類可以憑藉理性去發覺這世界的運行。

每一個小孩，或者該說每一個人，有其存在的獨特性。有太多父母執意要小孩去臨摹其他

人的行為，複製類似的成功經驗，去追求他們眼中的理想人生，圓滿他們年輕時未竟的夢，甚

至是驅策小孩成為「第二個自己」。彷彿一個生命的誕生，是為了滿足、成就另一個生命。

就小孩的立場來說，「為了達成某個目的，自己才被生下來」，也是很可悲的一件事。

先前，我向一位年紀略長的朋友訴苦，他不僅沒有安慰我，反而一針見血地指出：「選讀法律系，與妳母親有關，但最大的關鍵是妳自己，當年可沒人拿刀架在妳的脖子上。妳有選擇餘地的，選擇餘地雖然不大，妳還是有選擇餘地的。可是妳沒有掙扎，妳放棄了，為什麼？答案很簡單，我們都怕人生會出差錯，但我們更怕人生出差錯時，沒人給我們擔責任。大學要念四年，這麼關鍵的決定，妳讓出來，讓母親來為妳做決定，妳讓自己成為可憐的受害者，妳之後的不順遂，妳的不滿，可以全往妳母親身上扔。妳也怕選了外文系後，凡此種種都要自己扛了。」

家長很常問我一個問題：「小孩子不照我的心意填志願，該怎麼說服他？」

先前，我從不正面回答這個問題：「家長可以給意見，提供小孩你的觀點，與小孩討論，但是，做出最終決定的人最好是小孩，這不是理想，更不是溺愛或縱容，而是一種事實，這是他的人生，他得學會肩負起下決定後所因應的責任。相反地，你若執意給他做決定，這在某種程度上也是一種溺愛，因為他始

終學不會如何掌握自己的人生。今日發生車禍，我們絕對先找握著方向盤的人而不是車主。這是他的人生，你卻緊握著方向盤，日後出事了，他會說，找我父母吧，你不該找我。」

*

此時我二十五歲，距離大學畢業已有三年，走入這麼多家庭，像是旅行，沿途有不同的人文風景，也得到一些思想上的養料。隨著這本書的塵埃落定，我又回頭去想我的求學路，以及一個比較敏感的問題：我跟母親的關係該怎麼修復？

念法律系四年，我與母親變得很疏離。太多惡意纏繞在我的心頭：「妳到最後還是想控制我的人生啊」、「所有的開明、民主都是假的，妳有想過我辛苦讀書考取的分數，是為了讓自己進入一個毫無興趣的系嗎？」

母親道歉過好幾次，我卻置若未聞。

在我梳理故事中的角色，思考每一位母親背後的為難時，我也看見了母親的縮影。母親是愛我的，她要我念法律系，不是為了名聲，我考上中女中、考台大，她沒有一次主動跟他人提起我的學校，代表她生我養我，名聲二字沒有放上心頭。母親只是、只是把她童年對於貧窮的

畏懼，投射在我身上。世人告訴她，律師是賺錢的職業，她就要我往這方向走，無非是怕我窮。

可是，見到我念書時的掙扎，她也流著淚，誠摯地向我道歉。

我突然很想跟她懺悔。

母親一職，她做得很好了，我對她拋諸的怨言，有很大一部分是言重了。

　　　＊

書到尾聲，終於可以來說說我對於家教此一職業的想法。我很感謝我的第一位家教學生，我們年紀只差兩歲，她經驗過的，我也才經驗不久。每回我們結束課程，她會把我留下來，訴說她的心事，那些心事有的很輕，有的很重，有些是不好和父母討論的。我起初很彆扭，不懂我聆聽這些心事的必要，也害怕我逾越了師生的分際。

許多前輩說我這樣是不對的，老師要建立起權威，要「恩威並行」，要讓學生「怕」妳。

我感到很納悶，我們面對的是一個比我們更嶄新的生命，他為何應該怕我？

我於是偷偷做實驗，我讓自己與學生之間沒有高低，沒有尊卑。我聽他們傾訴，一起感受生命的失落，有些問題很棘手，我也無法提供意見，但我會想辦法讓學生知道，他們不是一個

　　　　　　　　　　　　　　　　　　　　　　　　後記

人在應付這些問題。奇異的是，之後上課，他們會更認真聽我講解，學生也在乎我，這成了一套互惠的模式，我們相互照顧彼此的心情，學生變得比從前更自動自發，成績自然而然就好轉了。

我一度迷失在這「非典型」的互動方式，感到不安，怕自己是在誤人子弟。近來，我讀到《慢療》一書，作者維多莉亞‧史薇特（Victoria Sweet）是個醫生，她在美國一間源自中世紀的醫療院所（也曾經是美國的最後一家救濟院）中，學習到嶄新的醫療行為，那就是，以「人性」款待病人。裡頭有個故事我很喜歡，作者描述一位護士長，喜歡坐在病人的身邊打毛衣。在醫院評鑑時，這位護士長遭遇很大的抨擊，說她不務正業，利用上班時間從事個人嗜好。然而，評鑑人員沒有注意到，這位護士長打的毛衣，最終是給病人穿的。作者提出一個很特別的觀點，她認為，這種看似毫無效率的醫療行為，說不定是最有效的醫療行為。試想，在你遭逢極大的身心病痛時，有個人坐在你身邊，安靜地手指穿針引線，沒有給你止痛藥或抗生素，她只是坐在那裡陪伴你，並且在幾天後送你一件小毛毯。

我這才懂了，聆聽學生的心事，這種行為看似毫無效率，其實也可能是最有效率的教育行

為。教育未必得在全部的時間裡塞滿學科知識，一定也有其他值得言說的，例如學生自己的事。

我看了好幾年，發現在學生「無心讀書」的背後，實則藏著很多心事，可能是在學校被欺負了、跟摯友鬧翻了，或者覺得老師對自己不太友善等等。他們不敢提出來，怕被說是藉口。

對孩子而言，是三角函數、古文三十篇的文法重要？還是明天去學校可能又要因為身材被嘲笑這件事重要？

兩小時的課，我會超過至少十五分鐘，這十五分鐘是留給學生的。我會給他們說一下近況，大事小事不限。這十五分鐘，我不是老師，他不是學生。他說，我認真聽，他若不想說，我也不勉強，但後者的情形非常罕見。每個人，都在等待誰來傾聽。唯有他的言論得到傾聽、得到尊重，我們才得以反過來要求他也傾聽我們，尊重我們的言論。

這不只在談教與學，也適用在其他人與人之間的關係。

*

家庭是社會的基本單位，門關上之後，在旁人看不到的空間之中，家庭成員要怎麼相待，

會影響到這些成員的思維，門一打開，這些成員走了出去，也可能以類似的邏輯與社會上其他成員互動，之後他們又各自與其他成員互動……環環相扣，有如核分裂一般，最終產生極大的能量。

可是，問題不僅止於父母，寫下這些故事，不是為了評擊父母的是非，或者把所有亂象打包成一團歸因在父母身上。在我與家長接觸的經驗中，很多時候我可以看見他們的無助，他們被眾多輿論給干擾到無法做出決定，四面八方的壓力在敦促他們成為「更積極」的父母。

今日，這個島上多一道聲音，鼓勵父母教養出成功完美的小孩，就有一對父母可能走上壓迫自己小孩的道路；多一則新聞，把小孩的成敗完全歸於父母教養的好壞，同時也可能誕生一個以極端方式控管子女的家長。我們常言，小孩是獨立的個體，有時，我會想，反過來，父母可以說自己是獨立的個體嗎？有沒有一個可能是，我們的社會把「親」與「子」綁得太緊了？

在怪獸家長的背後，不過是站著一個膽怯的、害怕犯錯的人啊。

這些故事之所以存在，是期待我們去凝視一個初衷，靜下來，好好想想，把小孩帶到這世界上的初衷。像是〈一脈不相承〉中的茉莉所言，事件的最初，我們要的只是孩子健康、快樂，最後我們的期待卻無限制地擴張了開來，於是傷害就無可避免，我們也失去了最初凝視孩子的

初衷，曾經在某個時刻，我們光是觸摸小孩柔軟的掌心就滿足不已。

我們可以不要再複製這些傷害。

一位好友看完這些故事之後，語重心長地告訴我：「以前我想過，我一路走來拿這麼高的學歷，要是我的小孩不像我，不是很丟臉嗎？現在，我只希望他快樂就好。」

此一回饋令我淚光閃閃，不騙你。

FOR2 24

# 你的孩子不是你的孩子

被考試綁架的家庭故事—— 一位家教老師的見證

作者：吳曉樂
繪者：劉晏呈
責任編輯：冼懿穎
封面設計：顏一立
校對：呂佳眞

法律顧問：董安丹律師、顧慕堯律師
出版者：英屬蓋曼群島商網路與書股份有限公司台灣分公司
發行：大塊文化出版股份有限公司
台北市 10550 南京東路四段 25 號 11 樓
www.locuspublishing.com
TEL：(02)8712-3898　　FAX：(02)8712-3897
讀者服務專線：0800-006689
郵撥帳號：18955675　　戶名：大塊文化出版股份有限公司

總經銷：大和書報圖書股份有限公司
地址：新北市新莊區五工五路 2 號
TEL：(02)8990-2588　　FAX：(02)2290-1658
製版：瑞豐實業股份有限公司

初版一刷：2014 年 11 月
初版十五刷：2018 年 8 月
定價：新台幣 300 元
ISBN：978-986-6841-59-0

國家圖書館出版品預行編目 (CIP) 資料

你的孩子不是你的孩子：被考試綁架的家庭故事——一位家教老師的見證 /
吳曉樂著 . -- 初版 . -- 臺北市：網路與書出版：大塊文化發行 , 2014.11
328 面 ; 14X20 公分 . -- (For2 ; 24)
ISBN 978-986-6841-59-0( 平裝 )

1. 家庭教育　　2. 親子關係　　　3. 通俗作品

528.2　　　　　　　　　　　　　103019886